Gana Dinero con Amazon FBA

La Guía Definitiva Para Lanzar una Etiqueta Privada, Generar Ingresos De Seis Cifras Y Construir Tu Imperio De Ingresos Pasivos En El Amazon

John Turing

Copyright 2020 - John Turing Todos los derechos reservados.

El contenido de este libro no puede ser reproducido, duplicado o transmitido sin el permiso escrito del autor o del editor.

Bajo ninguna circunstancia se podrá culpar o responsabilizar legalmente a la editorial, o al autor, por cualquier daño, reparación o pérdida monetaria debido a la información contenida en este libro, ya sea directa o indirectamente.

Aviso legal:

Este libro está protegido por derechos de autor. Es sólo para uso personal. No se puede modificar, distribuir, vender, utilizar, citar o parafrasear ninguna parte o el contenido de este libro sin el consentimiento del autor o del editor.

Aviso de exención de responsabilidad:

Por favor, tenga en cuenta que la información contenida en este documento es sólo para fines educativos y de entretenimiento. Se ha hecho todo lo posible para presentar una información precisa, actualizada, fiable y completa. No se declaran ni se implican garantías de ningún tipo. Los lectores reconocen que el autor no se está comprometiendo en la prestación de asesoramiento legal, financiero, médico o profesional. El contenido de este libro se ha obtenido de varias fuentes. Por favor, consulte a un profesional autorizado antes de intentar cualquier técnica descrita en este libro.

Al leer este documento, el lector está de acuerdo en que bajo ninguna circunstancia el autor es responsable de ninguna pérdida, directa o indirecta, que se produzca como resultado del uso de la información contenida en este documento, incluyendo, pero sin limitarse a, errores, omisiones o inexactitudes.

Tabla de contenido

INTRODUCCIÓN 5

CAPÍTULO 1: ¿QUÉ ES FBA? 7
   Su guía de ventas sobre las reglas y regulaciones de la FBA............. 8
      Características cruciales que hay que tener en cuenta 11
      Tarifas FBA 15

CAPÍTULO 2: PREPARACIÓN PARA EL ÉXITO 22
   Encontrar la mentalidad adecuada.. 28
      Establecimiento de una estrategia exitosa.. 30
      El proceso de ventas... 32

CAPÍTULO 3: FBA DE AMAZON: ¿POR QUÉ ES SUPERIOR?......34
   FBA contra un escaparate tradicional 36
      Ventajas y desventajas.. 41

CAPÍTULO 4: CÓMO EMPEZAR CON FBA 48
   Lo que hay que saber antes de empezar................................... 49
      Preparación... 52
      Envío 54

CAPÍTULO 5: SELECCIÓN DE PRODUCTOS 56
   Búsqueda de categorías de productos 66
      Elección del producto adecuado.. 67
      Cómo obtener el producto seleccionado 71
      Personalización 74
      Envío 75

CAPÍTULO 6: MERCADEO 76
   Registro de su marca 79
      Etiquetas de productos de marca, anuncios, escaparates y otras plataformas de medios de comunicación 82

CAPÍTULO 7: EL LANZAMIENTO DEL PRODUCTO 86
   Publicidad estratégica, promociones y marketing 91
      Crecimiento de las ventas a través de una fuerte presencia en línea 96
      Publicidad pagada: ¿Vale la pena?... 100

CAPÍTULO 8: MONITOREO DE NEGOCIOS DE LA FBA 105
   Seguimiento del crecimiento y por qué es relevante 110
      Continuando el crecimiento de su negocio FBA *112*
      Descifrando los números - Estadísticas de la FBA *114*

CAPÍTULO 9: CONSEJOS Y TRUCOS PARA EL ÉXITO 115
   Satisfacción del cliente 116
      Tomar fotografías claras y las descripciones que las acompañan . 119

CAPÍTULO 10: HORA DE IMPUESTOS 123

CAPÍTULO 11: LO QUE SE DEBE Y LO QUE NO SE DEBE HACER AL USAR FBA 131

CONCLUSIÓN 138

Introducción

"El éxito no es la clave de la felicidad. La felicidad es la clave del éxito. Si amas lo que haces, tendrás éxito".
-- Albert Schweitzer

Como propietario de un pequeño negocio, que es lo que eres cuando vendes en Amazon, tienes que encontrar motivación e inspiración, incluso cuando sientes que no hay manera de llegar a donde quieres estar. Cada capítulo comenzará con una cita inspiradora que le ayudará a sentirse animado e increíblemente motivado para sumergirse y comenzar a ganar un gran dinero usando los servicios de cumplimiento de Amazon.

Hay miles de personas que han encontrado un éxito increíble usando la plataforma de Amazon y la red mundial de envíos para vender sus productos. Ya sea que usted esté buscando una actividad adicional para ganar dinero extra para esas largas vacaciones con las que ha estado soñando, o que quiera encontrar una manera de trabajar desde su casa a tiempo completo, Fulfillment by Amazon (FBA) es uno de los negocios más sencillos de usar desde el hogar. Usted podría pasar horas vertiendo contenido en Internet, tratando de reunir información sobre cómo comenzar y hacer un negocio exitoso de FBA. Este libro cubrirá todo, desde cómo comenzó FBA y lo que es hoy en día, hasta cómo encontrar el producto perfecto para vender. Incluso discutiremos cómo tomar fotos de alta calidad y ver qué formularios de impuestos se requieren en la temporada de impuestos.

De la misma manera, si usted ya tiene un producto increíble, pero está buscando una manera de llegar a más clientes, FBA es el modelo ideal para utilizar. No importa cuán pequeña o grande sea su empresa o si está empezando. Hay centros de cumplimiento en todo el mundo, lo que significa que tendrá acceso a millones, si no *miles* de millones de clientes. ¡Continúe leyendo para ver lo bien que FBA puede trabajar para usted!

Capítulo 1: ¿Qué es FBA?

"El éxito no siempre se trata de la grandeza. Se trata de la consistencia. El trabajo duro y constante conduce al éxito. La grandeza vendrá".

--Dwayne Johnson

FBA es Fulfilment by Amazon, un servicio en línea que el líder mundial en compras por Internet ofrece a los empresarios de todo el mundo. Si usted ya está fabricando y enviando sus propios productos, está cambiando la marca de productos existentes o tiene una gran idea para algo nuevo que vender, FBA es un servicio imprescindible. Amazon puede ayudar a aliviar gran parte del estrés asociado con el almacenamiento y el envío a los consumidores, así como con el manejo de las devoluciones y el servicio al cliente. Cuando utilice FBA, sepa que hay un cierto nivel de servicio al cliente por el que querrá esforzarse. Sin embargo, es mucho menos molesto cuando se trata de clientes en línea que en una tienda.

Además, con una tienda tradicional, hay tantos cargos adicionales que hay que considerar. Sin todas esas cosas de las que preocuparse, esto le deja a usted, el dueño del negocio, con más tiempo para desarrollar sus productos existentes, o crear algo completamente nuevo. No importa la razón, utilizar los servicios que FBA tiene para ofrecer proporcionará una forma libre de estrés para llegar a millones de clientes en todo el mundo.

Su guía de ventas sobre las reglas y regulaciones de la FBA

En primer lugar, es importante saber que hay algunos productos que Amazon no almacenará ni enviará porque podrían ser peligrosos o considerados como contaminantes para otros productos almacenados en las instalaciones de Fulfillment de Amazon. Además, varios productos requieren aprobación, que no se limita a la aprobación de Amazon, y otros están restringidos. Aunque es poco probable que usted esté vendiendo algo que pueda estar prohibido por Amazon o por cualquier otra agencia reguladora, nos referiremos a ellos brevemente para que sirvan de referencia.

Los productos prohibidos son aquellos que Amazon no almacenará, empaquetará ni enviará en absoluto, independientemente de las licencias que su empresa pueda tener para hacerlo.

Por ejemplo, si tiene una empresa de vinos y ha pensado en utilizar FBA, tendrá que reconsiderarlo. Cualquier producto basado en el alcohol (incluyendo la cerveza sin alcohol), está estrictamente prohibido en todas las instalaciones de la Amazon. Esta es una enorme responsabilidad que un cargador global como Amazon preferiría evitar.

En cualquier momento en que el alcohol o el tabaco están involucrados, también lo está el gobierno federal y una lista de pautas que uno debe seguir. Sin embargo, si usted ya está vendiendo alcohol, probablemente esté al tanto de todas estas regulaciones.

No se permitirá nada que sea inflamable, incluyendo las linternas Kongming, también conocidas como mini globo aerostático o linternas flotantes.

Algunos de ellos parecen absurdos de considerar, pero se incluyeron en la lista porque la gente realmente trató de venderlos en Amazon. Lo que Amazon está tratando de evitar es la contaminación cruzada, o productos que podrían ser un peligro de incendio. Algunos artículos son simplemente demasiado de una responsabilidad para que ellos consideren. A continuación, se enumeran varios otros elementos que no se permiten en ninguna instalación de Amazon:

- Neumáticos para cualquier vehículo
- Certificados de regalo
- Baterías fuera de su embalaje original

- Materiales mal etiquetados. Generalmente, se trata de un producto que no coincide con lo que el vendedor registró originalmente con FBA.
- Cualquier producto que sea ilegalmente duplicado o fabricado. Esta categoría tiende a tratar sobre la infracción de los derechos de autor y debería evitarse tanto porque se le prohibirá la entrada a Amazon como por las ramificaciones legales de no adherirse a las leyes de derechos de autor.
- Mercancía deliberadamente defectuosa o defectuosa. Esta categoría incluye cualquier cosa que el vendedor cause defectos a propósito y los venda a sabiendas a los consumidores.
- Comercio pirata escrito como folletos o volantes.
- Cualquier cosa que Amazon considere inadecuada.

A continuación, hay algunos bienes que primero deberán ser aprobados por Amazon antes de que usted, el vendedor, pueda enviarlos a una instalación de la FBA.
- Productos de software no especificados para los cuales deberá ponerse en contacto con Amazon Services. Esto sería cualquier cosa fuera del alcance de las ventas normales de productos electrónicos, que generalmente incluyen teléfonos celulares o tabletas. Si se trata de un dispositivo único, del que la mayoría de la gente aún no ha oído hablar, es probable que Amazon no lo permita.
- Aerodeslizadores de cualquier tipo

- Punteros láser

Puede haber algunos artículos adicionales que Amazon prohíbe o para los que requiere aprobación. Si no está seguro, consulte con sus representantes de servicio al cliente antes de hacer cualquier arreglo para usar FBA.

Este es un paso importante para evitar la compra de productos que Amazon no permitirá que se vendan en su plataforma. Ese es el vendedor 101. Investigue y aclare antes de hacer una gran compra para que no termine perdiendo dinero antes de empezar.

Características cruciales que hay que tener en cuenta

Hay algunas características a las que los usuarios de FBA tienen acceso. Sin embargo, es importante tener en cuenta que algunos de ellos pueden tener tarifas adicionales asociadas a su uso. Alternativamente, aunque puede haber tarifas que considerar, sopesar los pros y los contras de esas tarifas es simplemente algo inteligente. En algunos casos, podría valer la pena pagar un cargo extra por algo como las palabras clave, que cubriremos con mayor detalle más adelante en este libro.

Uno de los mayores beneficios de FBA es la posibilidad de utilizar su opción de cumplimiento multicanal. Esto permite al vendedor utilizar su propio sitio web como una asociación con Amazon, lo que significa que no importa en qué sitio se encuentre el cliente, FBA cumplirá el pedido. Sin embargo, asegúrese de leer la letra pequeña de esta opción. Aunque Amazon lo permitirá, el uso de enlaces a sitios web externos que cumplan con el pedido, pero en los que se haga clic a través del sitio web de Amazon y que se cumplan a través del suyo o de otro proveedor, le someterá a la posibilidad de ser prohibido o suspendido del sitio de Amazon.

Otra característica que los proveedores pueden aprovechar es el programa de portadores asociados. Amazon se ha asociado con varios transportistas para ofrecer a los usuarios de FBA tarifas de envío profundamente reducidas, lo que significa más dinero en su bolsillo. Asegúrese de prestar mucha atención a los honorarios. Aunque son excepcionalmente grandes, se pueden cometer errores y se le puede acusar de forma incorrecta. Esta es una de las muchas razones por las que es importante llevar un registro de todos los cargos y cuotas para asegurar la exactitud y que no se está perdiendo dinero.

Por último, si descubre que ciertos productos simplemente no se mueven, los proveedores tienen la opción de habilitar una función llamada *Automated Unfulfillable Removals*.

La utilización de esta característica es útil porque los proveedores pueden hacer que se retiren ciertas mercancías del inventario en los intervalos que consideren necesarios. Esta opción puede configurarse como automática a través de la central de ventas. Sea cauteloso al elegir esto. Si usted tiene sus artículos que Amazon considera insatisfechos destruidos automáticamente, podría perder dinero.

Ha habido casos en los que un producto fue etiquetado inadecuadamente como invendible y si el vendedor no hubiera prestado mucha atención, habrían perdido ese dinero.

En general, los tipos de cosas que Amazon pone en esta categoría son las devoluciones de clientes que fueron demasiado utilizadas para volver al inventario y vender a otro consumidor, así como los productos caducados o dañados. Siempre lea los mensajes de Amazon y asegúrese de que la mercancía que le están enviando para ser destruida debe, de hecho, ser eliminada. Si le envían un correo electrónico sobre un producto que debería ser destruido y usted todavía no está seguro, puede solicitar que se lo envíen en lugar de pagar a Amazon para que lo destruya.

Habría un cargo asociado con ese servicio, pero devolvería el producto a sus manos para que lo inspeccionara más de cerca. Si en ese momento se determina que las mercancías deben ser eliminadas, probablemente sea más barato para usted manejarlas, a pesar de que posiblemente sea más complicado. Aún así, siempre es mejor estar seguro que lamentarse, especialmente cuando hay dinero de por medio.

Si existe la posibilidad de que se hayan equivocado y usted pueda vender el producto, siempre puede enviárselo de vuelta y ponerlo en las estanterías para los servicios de cumplimiento.

Otra cosa que hay que tener en cuenta en esta categoría es que Amazon retendrá el producto por usted hasta noventa días mientras usted determina si los bienes necesitan ser desechados o no. Lo que debe tener en cuenta es que le cobrarán gastos de almacenamiento por cada mes que su producto esté en las estanterías, esperando un pedido suyo.

Si usted no responde a ellos y pasa el marco de tiempo que ellos permiten para las respuestas, no sólo le cobrarán por el almacenamiento del producto, sino que también le cobrarán por la eliminación del producto, lo cual costará mucho más.

Tarifas FBA

Para utilizar el servicio FBA, hay dos tarifas principales que incluyen su cuota de cumplimiento y las tarifas mensuales de almacenamiento.

La primera cuota, el cumplimiento, cubre todo el proceso desde la recogida del pedido hasta el embalaje y las devoluciones. Las cuotas de almacenamiento mensuales son exactamente eso, una cuota que se cobra al vendedor cada mes. Estas tarifas se basan en el espacio que ocupan sus productos en el almacén. Amazon utiliza pies cúbicos para determinar estas tasas.

A continuación se muestra un ejemplo del tipo de tarifa típica para los usuarios de la FBA.

Cuotas de cumplimiento: En la categoría, la estructura de tasas se desglosa entre la mercancía de tamaño estándar y la de tamaño extra. Por ejemplo, un producto de tamaño estándar que pesa 1 libra o menos costaría $2.41. En el mismo ejemplo, un paquete pequeño podría costar $8.13 por las primeras 2 libras, con .38¢ adicionales por cada libra adicional. Si usted está enviando ropa, eso le costará un .40¢ extra por caja.

Tarifas de almacenamiento (inventario): Aunque se explica por sí mismo, los proveedores deben tener en cuenta la disparidad de las tarifas durante los meses de vacaciones. De enero a septiembre, los vendedores pagarán .64¢ por pie cúbico por mercancía de tamaño estándar y .43¢ por mercancía de tamaño superior. De octubre a diciembre, las tarifas mensuales de almacenamiento son de 2,35 dólares por pie cuadrado cúbico en el producto estándar y de 1,15 dólares en los productos de gran tamaño. Siendo realistas, si usted está empezando en Amazon, no querrá tratar de almacenar o vender artículos que son particularmente pesados o lo que ellos consideran de gran tamaño. Entraremos en detalles sobre esto un poco más adelante, pero es relevante mencionarlo aquí, ya que estamos discutiendo los honorarios asociados con el envío y el almacenamiento.

Por último, tome nota de la comisión del vendedor al utilizar el FBA, que es el 15% del costo del producto en sí. Por ejemplo, si su mercancía cuesta $30.00, la tarifa del vendedor sería de $4.50, además de las tarifas de cumplimiento. Usted querrá ponerle un precio a sus productos tanto de manera estratégica como competitiva para obtener el máximo rendimiento de la inversión.

Como se ha mencionado anteriormente, FBA cumplirá con los pedidos fuera del sitio web de Amazon. Esto se conoce como Cumplimiento *Multicanal* (MCF). Mientras que las tarifas mensuales de almacenamiento siguen siendo las mismas sin importar de qué sitio provenga el pedido, los cargos por MCF son más significativos.

Por ejemplo, si usted vende una unidad y se considera un paquete pequeño de tamaño estándar que pesa una libra o menos, la tarifa de MCF costaría $5.85. Por favor, tenga en cuenta que esto no es adicional a la tarifa de vendedor que se cobra en Amazon. Si sus bienes se compran a través de su sitio web, o de cualquier otro sitio fuera de Amazon, la tarifa será de $5.85. Los cargos por pedidos realizados en sitios externos son sólo ligeramente más altos y no deberían disuadir a los propietarios nuevos o existentes de enlazar con sitios externos. Amazon ayuda a llegar a más clientes, pero recuerde que cuantos más lugares tenga que buscar la gente, mayores serán las posibilidades de que su producto sea visto.

Ahora que hemos cubierto las principales tarifas asociadas con el uso de FBA, eche un vistazo a las otras tarifas que se enumeran a continuación. Son cargos en los que uno podría incurrir si no siguen las estrictas directrices de Amazon.

Almacenamiento a largo plazo - Las mercancías que se encuentran en los estantes de los centros de la FBA incurrirán en una tarifa de almacenamiento a largo plazo. Cualquier artículo que no se venda en un plazo de seis meses entra en esta categoría.

Etiquetado - Familiarícese con las estrictas especificaciones a las que Amazon exige que todos los vendedores se adhieran. Si los códigos de barras no se colocan según el estándar de Amazon, es posible que le facturen por tener que hacer que los códigos de barras de su producto estén a la altura de su estándar. Cada vez que incurra en una cuota que no esperaba, eso afectará su resultado final.

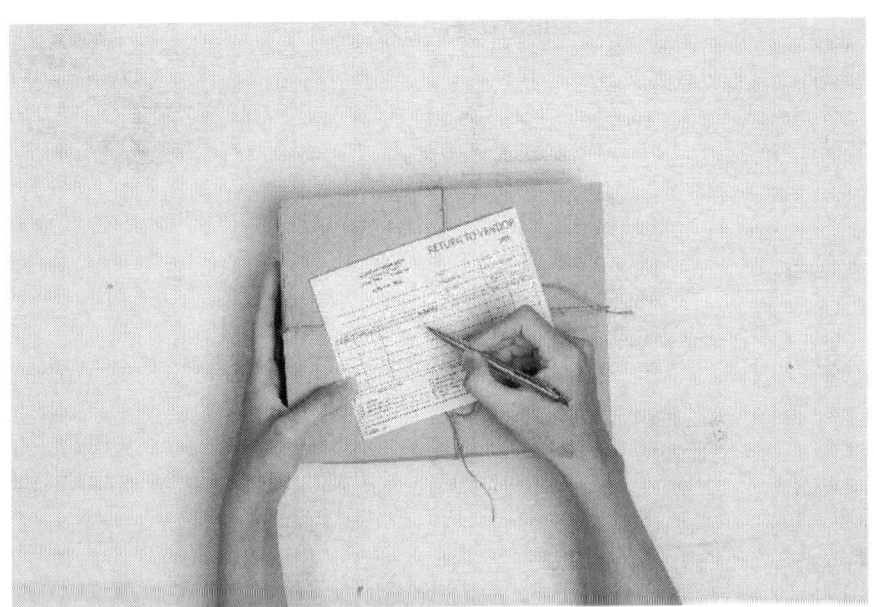

Devoluciones - En la mayoría de los casos, no se cobra por las devoluciones. Sin embargo, en el caso de que un cliente utilice las devoluciones gratuitas, Amazon cobrará una tarifa en esta categoría que es equivalente a la tarifa de cumplimiento de precursores.

Si la tarifa original para cumplir con el pedido era de $6.50, eso será lo que se le cobrará cuando el producto sea devuelto bajo la política de devolución gratuita. Además, si la mercancía requiere de un re-empaque, hay un cargo por eso también. En la mayoría de los casos, el producto se devuelve no por su calidad, sino porque el consumidor se dio cuenta de que había hecho una compra impulsiva.

Remoción de existencias - Si decide retirar todo su producto de Amazon en cualquier momento del mes, podrían cobrarle una tarifa de remoción. Asimismo, la eliminación de las existencias que nunca se vendieron entrará en esta categoría. Esto significa que si Amazon tiene que deshacerse de cualquier stock no vendido, le cobrará por ello más allá de cualquier otro cargo en el que pueda haber incurrido mientras su producto estaba en una de sus instalaciones de cumplimiento. Casos como estos ocurren cuando el vendedor no presta mucha atención a su inventario y si está vendiendo o no. Si realmente quiere tener éxito y ganar seis cifras vendiendo en Amazon, tendrá que asegurarse de que su stock está a niveles apropiados para las ventas, pero no tanto como para que no se venda a tiempo.

Servicio de preparación de FBA - Es especialmente importante que los proveedores conozcan las directrices de preparación y empaquetado establecidas por Amazon. En caso de que la mercancía requiera una preparación adicional una vez que haya llegado a la instalación, se cobrará a los vendedores el cargo por preparación no planificada. Por eso es muy importante que usted, como vendedor, conozca todas las normas y reglamentos que tiene Amazon en relación con el embalaje. En última instancia, usted quiere estar plenamente consciente de todas las reglas que tiene la FBA, especialmente cuando podría incurrir en una cuota si no sigue sus directrices específicas.

Aunque estos honorarios pueden parecer desalentadores, no deje que sean un elemento de disuasión. Mientras los proveedores sean conscientes de los posibles cargos y hagan lo posible por evitarlos, no deberían afectar al beneficio global. Además, estas son sólo las tarifas básicas que Amazon cobra por su servicio FBA. Hay otros cargos en los que puede incurrir en el camino, así que asegúrese de leer la letra pequeña de cualquier cosa y de todo mientras está pasando por el proceso de configurar su cuenta y mientras elige qué tipo de producto desea vender a través de este servicio.

Capítulo 2: Preparación para el éxito

"Las oportunidades no se presentan. Tú los creas".
-- Chris Grosser

A pesar del hecho de que utilizar los increíbles servicios proporcionados por la FBA no requeriría un préstamo para pequeñas empresas, usted *está* operando una pequeña empresa. Para tener éxito, hay algunas cosas que uno podría considerar antes de inscribirse para vender el producto en Amazon. Aunque es posible que no requiera necesariamente los servicios de la Administración de Pequeñas Empresas (SBA), puede ser prudente redactar un plan de negocios sencillo porque en las empresas grandes y pequeñas, en línea o en una tienda, su éxito depende de tener un plan de acción sólido. Escribir un plan de negocios es un paso extra y puede llevar bastante tiempo. Sin embargo, hay toneladas de aplicaciones gratuitas que puede encontrar en Internet para ayudar con este proceso.

Los planes de negocios en general parecen desalentadores. Parece que hay que hacer un gran esfuerzo extra para ponerlo en algo que debería ser simple. Sin embargo, es casi imposible tener éxito sin algún tipo de plan. Por lo tanto, ya sea que usted decida escribir un plan de negocios completo para su empresa de la FBA o no, hay un par de cosas que usted necesita hacer para lograr la prosperidad. A continuación, se presentan algunas cosas que se deben considerar cuando se redacta un plan de negocios completo, o simplemente un esquema para el éxito. De cualquier manera, ayudará a allanar el camino para ganar dinero extra.

Aspiraciones - ¿A dónde ve que va el negocio? ¿Quieres convertirlo en algo a gran escala o te conformas con mantenerlo en un nivel bajo? No importa la decisión, saber qué dirección tomar le ayudará a comenzar su aventura empresarial. Cualquier plan, no importa lo mucho o lo poco que se desarrolle, le mantendrá concentrado y puede ayudarle a superar cualquier obstáculo que pueda surgir en el camino. En este sentido, considere la posibilidad de establecer pequeñas metas a corto plazo para lograr y celebrar todas las victorias a lo largo del camino.

Documentación - Es importante llevar un registro de todo, de los bienes que se van a vender, de todo lo que se pueda estar trabajando para el futuro, así como de los gastos y de todo el flujo de caja. En cuanto a la documentación, es mejor mantener un cuaderno separado para cada uno de los elementos anteriores. Por ejemplo, si está trabajando en el desarrollo de un producto en el futuro, mantenga esas ideas separadas de lo que está vendiendo en el presente. De la misma manera, mantenga todos los gastos e ingresos separados para evitar confusiones. Discutiremos los impuestos y las pautas específicas establecidas por el IRS en un capítulo posterior. Sin embargo, es importante tener en cuenta lo crucial que es tomar nota de cada gasto incurrido y cada dólar ganado para que pueda reportarlo con precisión al IRS en el momento de la declaración de impuestos.

Compromiso con el cliente - La clave del éxito es el grado de compromiso con su público. La gran mayoría de los productos que se venden en Amazon tienen al menos una reseña, e independientemente del contenido, tomarse un momento para responder a su cliente será de gran ayuda. Incluso si la revisión es negativa, el hecho de llegar a ellos para disculparse y ofrecer una solución dice mucho sobre un vendedor en FBA. La gente recuerda y habla de las experiencias negativas mucho más que de las positivas. Si puedes llegar a un cliente que no estaba contento y darle la vuelta a la situación, no sólo lo habrás apaciguado, sino que es más probable que recuerde esa experiencia y vuelva a comprar tu producto en el futuro. Sin mencionar que la mayoría de las personas leerán las críticas antes de comprar en línea. Si ven que usted se compromete activamente con sus clientes, ya sea bueno o malo, eso crea confianza y es más probable que la gente compre sabiendo que, pase lo que pase, van a estar satisfechos. Es bueno recordar cualquier momento en el que usted haya hecho una compra con la que no estaba satisfecho y cómo fue manejada por el vendedor. Saber qué no hacer en base a su experiencia personal puede ayudarle a encontrar el éxito en esta área. También puede tener en cuenta un momento en el que un representante de atención al cliente haya sido especialmente útil y utilizarlo también cuando trate con sus propios clientes.

Métrica - El seguimiento de sus ventas pesa mucho en el éxito de cualquier negocio. Las métricas nos ayudan a hacer las preguntas correctas. Si las ventas son bajas, ¿hacemos lo suficiente para comercializar nuestros materiales? ¿Sería prudente encontrar nuevas y únicas formas de poner su producto frente a más clientes? Encontrar formas de anunciarse no tiene por qué costar dinero. No sólo tienes numerosas plataformas de medios sociales gratuitos para elegir, sino que también tienes el boca a boca. Aunque puede costar un poco, tal vez también considere la posibilidad de añadir muestras a sus paquetes. A su vez, podría hacer que los clientes hicieran compras más grandes en el futuro, o incluso que le contaran a sus familiares y amigos sobre sus productos. A todos les encanta recibir muestras gratuitas con los productos que han comprado y un consumidor feliz es un consumidor habitual. Las muestras son particularmente buenas para incluir si usted se está preparando para lanzar un nuevo producto. No sólo deleita a sus clientes, sino que los entusiasma con lo que está por venir.

No tengas miedo - Esta es una afirmación muy audaz, especialmente porque el no tener miedo a nada puede conducir a errores. Así que tal vez sea mejor decir, tener *muy poco* miedo. El éxito no se produce en un abrir y cerrar de ojos. Eso significa que usted tiene que estar dispuesto a probar cosas nuevas, encontrar un nuevo enfoque, o ajustar su producto para que atraiga a más compradores. Lo importante en esta sección es entender que no debe haber rigidez cuando se trabaja con FBA. Asegúrate de tener un poco de margen de maniobra en todos los aspectos de tu negocio. Incluso el plan de negocios o el esquema necesita tener contingencias en su lugar. No tiene que ser todo o nada. Asegúrate de tener el valor de probar algo nuevo o explorar una idea diferente en cualquier ámbito. Tener una visión estrecha sin espacio para la expansión o la mejora no conducirá al éxito. Nadie hace seis figuras con visión de túnel. En algún momento, la expansión es lo que conducirá a un éxito aún mayor, lo cual es algo que debe tenerse en cuenta durante todo el proceso. Limitarse a sí mismo no conducirá al éxito.

Encontrar la mentalidad adecuada

Como hemos mencionado anteriormente, estar preparado para el éxito significa tener todos los patos en fila. Eso incluye estar siempre en la mentalidad adecuada. No importa el viaje, siempre habrá baches en el camino. Nunca te deprimas por un contratiempo porque sucederá. Desde no tener suficientes unidades para cumplir con una orden hasta olvidarse de tomar en cuenta las cuotas cuando se piensa en el resultado final, se cometerán errores. Aprender de ellos y seguir adelante ayudará a mantener la pelota rodando.

Vivir en las pequeñas cosas sólo te detendrá. Sea positivo, piense en el futuro en los términos que haya establecido en su plan o esquema de negocios y siga adelante. Anteriormente, hablamos de celebrar sus éxitos y metas alcanzadas en el camino.

Recuerde que, si bien es posible que haya perdido una meta, no está escrito que tenga que cumplirla en una fecha determinada. Haga ajustes, mueva las metas hacia atrás y reordénelas. Creyendo en ti mismo y sabiendo que, aunque no se cumplió en el momento que esperabas, siempre hay un futuro cercano.

Al hablar de la mentalidad, también debemos considerar no sólo mantener una mente abierta, sino también ser capaces de ver el panorama general. A menudo, cuando se nos ocurre un gran plan o producto, es difícil ver lo que podría salir mal, o que podría haber una mejor opción para la producción que podría minimizar los costos. Investigar, tomar notas, e incluso aprender de los errores de los demás para evitar el mayor número posible de problemas.
También puede ser útil pedir consejo a personas que ya han encontrado el éxito. O bien, los amigos y la familia son siempre un buen recurso para recibir comentarios honestos sobre el producto que está pensando en vender en su escaparate virtual. Hablando de investigación, usted encontrará que hablamos mucho de eso en este libro. No hay palabras para describir verdaderamente lo importante que es investigar cada aspecto de su negocio. Sepa qué productos se van a vender y evite entrar en un mercado que ya está sobresaturado con un producto popular. Sepa qué tipo de materiales se utilizan en lo que decida vender, porque podemos garantizarle que esa pregunta surgirá y siempre querrá poder hablar de lo que va en su mercancía.

Establecimiento de una estrategia exitosa

En este capítulo hemos hablado de la creación de un plan o esquema de negocio y de tener la mentalidad adecuada. Cuando se trata de tener éxito, conocer su estrategia es también crucial. Dirigir un negocio a través de FBA puede no ser un modelo de negocio típico, pero la elaboración de estrategias es fundamental para el logro. ¿Qué metas se fijó cuando pensó en utilizar los increíbles servicios que ofrece FBA? ¿Cuántas unidades quiere vender por mes o por semana? ¿Qué te ves haciendo en el primer mes, el primer trimestre o año? El establecimiento de pequeñas metas con unos pocos objetivos más grandes para alcanzar en algún momento le ayudará a lograr el éxito con la plataforma de la FBA también.

Para profundizar un poco más, considere su producto. ¿A cuántos competidores te enfrentas? Esto no sólo significa Amazon. Hay miles de sitios web que ofrecen productos básicos para que la gente los compre.

Esto significa que una de las principales cosas que debes considerar es, ¿qué te diferenciará de los demás? ¿Qué es lo que hace que su producto sea superior al de sus competidores? Es aconsejable hacer una búsqueda rápida en Internet para ver en qué otras plataformas está a la venta el producto que ha elegido y cuánto cobran esos vendedores.

Ser competitivo es importante, pero usted no quiere ofrecer un producto que se venda en todas partes porque no valdrá la pena. Nos adentraremos más en el marketing un poco más tarde, pero esa es una de las cosas más importantes que hay que considerar cuando se trabaja en el plan de negocios. ¿Cómo va a comercializar un producto que se diferencie de los demás? Con tantas opciones de publicidad en varias plataformas de medios sociales, no tiene por qué ser tan difícil como puede parecer. Una publicación rápida en Facebook o una foto en Instagram con enlaces al sitio de la FBA y el suyo propio, si lo tiene, será de gran ayuda. Sólo asegúrate de pensar bien tus palabras y hacerlas memorables para que la gente no se limite a desplazarse. Haga que quieran dejar de hacer lo que están haciendo para tomarse un minuto para ver el producto que usted tiene para ofrecer.

El proceso de ventas

El proceso de usar FBA en sí mismo es en realidad bastante simple. Su trabajo consiste en idear los productos que le gustaría vender, mantener sus estantes en el centro de cumplimiento abastecidos y comercializar su producto. Amazon se encarga de todas las cosas detrás de bastidores que se añadirían a su ya completa lista de cosas por hacer. ¡Por esa razón FBA es tan bueno! El proceso de venta en sí mismo es simplemente atendido para que usted pueda enfocarse en el crecimiento de su negocio. Todas esas cosas que habría tenido que hacer si tuviera un escaparate tradicional son parte de lo que le paga a Amazon. Sonría sabiendo que es algo de lo que puede lavarse las manos y centrarse en los aspectos más importantes de su negocio.

Lo primero que debe hacer es llevar su mercancía a un centro de cumplimiento. Una vez que hayan llegado, las personas del almacén harán un inventario seguro y protegido y luego almacenarán su producto. Después de eso, cuando un cliente coloca sus productos en su carro virtual y completa su compra, los empleados de Amazon escogen el producto, lo empacan y lo envían al cliente.

El último paso en este proceso es el seguimiento, que también es manejado por Amazon y sus destacados representantes de servicio al cliente.

¡Eso es! Eso resume el proceso de venta y aunque es tan simple como suena, imagínese tener que manejar todo eso por su cuenta. La logística por sí sola es increíblemente cara en estos tiempos.

El hecho de tener que enviar el producto de un extremo a otro de los Estados Unidos podría significar que se agoten los ingresos.

Si se combina con las tarifas de almacenamiento de los almacenes privados, se obtiene una receta para el fracaso. Por no hablar de la contratación y retención de personal para recoger, empaquetar y preparar el envío. FBA es la manera más sabia y sin estrés de poner su producto en manos de consumidores ansiosos.

Capítulo 3: FBA de Amazon: ¿Por qué es superior?

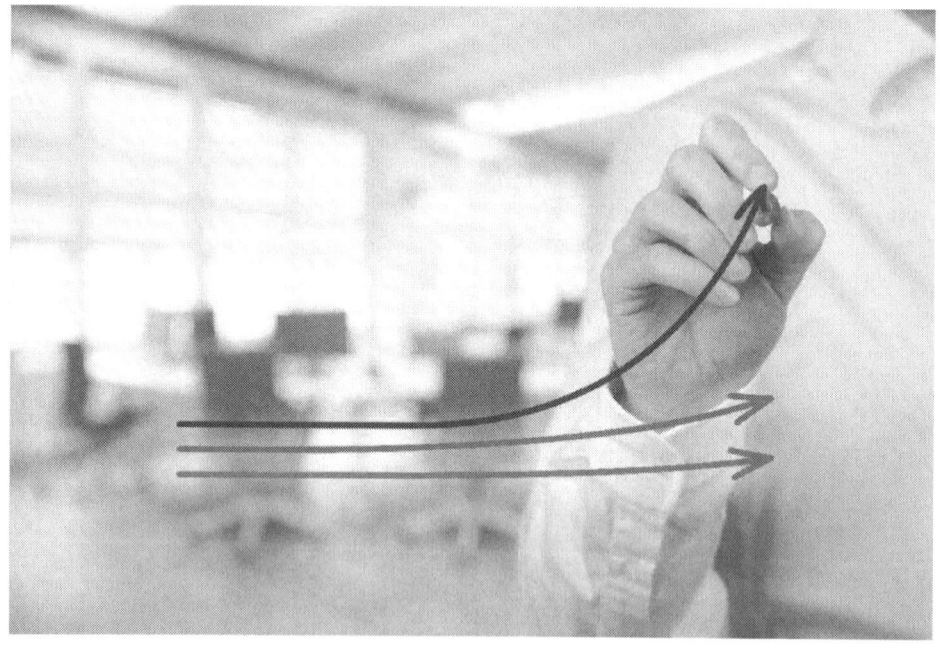

"Si no estás dispuesto a arriesgar lo habitual, tendrás que conformarte con lo ordinario".

- Jim Rohn

En realidad, hay varios servicios similares a FBA, como FedEx Fulfillment, Shipwire y ShipBob, pero ¿qué es lo que hace que Amazon sea la elección clara?

En resumen, el número de clientes a los que se llega cada día. Es un nombre qué la gente conoce y en el que confía, y un sitio donde pueden encontrar cualquier producto, desde ropa hasta alimentos.

Aunque FedEx es ciertamente un nombre que la gente conoce, lo asocian principalmente con el envío, no con la compra.

En última instancia, cuando se trata del envío global y de la satisfacción general del cliente, el nombre más conocido y de mayor confianza en el negocio es Amazon.

Tiene sentido trabajar con ellos por encima de cualquier otro.
La mayoría de las estructuras de precios de los competidores son similares a las de Amazon, pero ninguna se puede comparar.
Además, la facilidad de uso del sitio web de Amazon es muy superior a la de sus competidores. Nadie quiere sentarse frente a la pantalla de su computadora por horas y horas tratando de navegar un sitio web y buscar el producto deseado. Amazon utiliza palabras clave, que también profundizaremos más adelante en este libro, que facilitan enormemente la búsqueda del producto exacto que un consumidor puede estar buscando.
Además, sitios web como ShipWire y ShipBob no tienen precios fácilmente disponibles. Los interesados deben registrarse para solicitar información, o hacer clic en varias páginas para encontrar la información más básica.
Los precios de Amazon son fácilmente localizables. También son concisas y fáciles de entender. No sólo eso, es una pérdida de tiempo solicitar cotizaciones sobre qué productos podría estar considerando enviar desde otros sitios de cumplimiento.

En última instancia, las tarifas asociadas con el uso de la FBA podrían ser más altas en algunas áreas, teniendo en cuenta los millones de consumidores que tienen. Ningún otro sitio puede ofrecer eso.

FBA contra un escaparate tradicional

Ser dueño de su propio negocio es mucho trabajo, pero si se hace correctamente, puede dar excelentes resultados. Elegir cómo manejar su negocio y encontrar maneras rentables de hacerlo es primordial para encontrar el éxito. En esta sección, hablaremos brevemente sobre la propiedad/alquiler de un espacio frente a la utilización de FBA.

Aunque puede parecer bastante fácil salir y alquilar un espacio en un área comercial, en realidad no lo es. Sólo porque un espacio esté disponible a lo que podría parecer un precio inmejorable, hay mucho más que considerar que el costo del alquiler. ¿Es un escaparate en una zona de mucho tráfico? Incluso si es en una zona de alto tráfico, ¿son las personas que buscan su producto en particular?

Por ejemplo, si hubiera un espacio comercial disponible para vender mercancías, pero todo alrededor de ese espacio fuera pelo, piel y bienestar, ¿tendría éxito la tienda? Es posible, pero no probable.

Tal vez haya un lugar decente disponible en un centro comercial al aire libre. Para ganar dinero, los gastos generales deben ser bajos. En una situación de tienda, el vendedor tiene que pagar alquiler/hipoteca, servicios públicos, seguro y salarios a cualquier empleado que pueda contratar. En una situación en la que hay otras personas trabajando en la tienda, el propietario podría tener que ofrecer un seguro médico, que puede ser increíblemente caro. Además, el propietario tiene que considerar las leyes fiscales de la ciudad, el condado, el estado y las leyes fiscales federales.

Por ejemplo, a continuación, verá los cargos asociados con el alquiler de un espacio comercial en una ciudad metropolitana.

En la búsqueda de listados locales, una propiedad con una superficie decente en un área de alto tráfico cuesta $17.75 por pie cuadrado por año en un espacio de oficina de 2366 pies cuadrados. Eso es $41,996.50 anualmente, o $3499.70 por mes. Esto ni siquiera incluye lo que se denomina "triple red". Bajo un contrato de arrendamiento estándar, el triple neto se refiere al mantenimiento del edificio, los impuestos sobre la propiedad y el seguro de la propiedad. Dependiendo de la ubicación, eso puede ser aproximadamente $500.00 por mes.

En este ejemplo, digamos que el producto que se vende es de $25.00 por unidad. Sólo para cubrir el costo de la renta y las redes triples en un mes, usted necesitaría vender 160 unidades. ¿Todavía estás considerando un escaparate? ¿Por qué no lo desglosamos un poco más?

Porque usted es una persona, trabajando 7 días a la semana, 12 horas al día es mucho pedir, independientemente de ser el propietario.

Si usted divide eso por la mitad con un empleado de medio tiempo que gana $10.00/hora trabajando 5 días a la semana, usted estaría buscando pagar aproximadamente $385.00/semana. Tenga en cuenta que la mayoría de los estados requieren que los empleados reciban un almuerzo pagado si trabajan más de 5 horas en un día. Además, el pago de salarios a un empleado significa impuestos sobre la nómina, que son requeridos por la ley federal.

Si tomamos en cuenta la nómina más los impuestos, la factura mensual será de aproximadamente $6,500.00. En eso, tendrías que vender 244 unidades sólo para llegar a un acuerdo.

Ahora que hemos tenido una breve visión general de sólo algunos de los cargos asociados con una tienda, tomemos unos minutos para ver la venta del mismo número de unidades a través de Amazon, teniendo en cuenta los costos de almacenamiento y otros cargos asociados con el uso de la plataforma FBA.

Para este ejemplo, utilizaremos la misma cantidad de espacio de almacenamiento con las tarifas de Amazon. Si al final del mes, usted tuviera 2,366 pies cuadrados de almacenamiento, la factura sería de $1490.58. Para cumplir con un pedido de un producto de tamaño estándar, costará $2.41. Por último, está la tarifa del vendedor, que es del 15%, o $6.16

Por lo tanto, si el almacenamiento en Amazon es de 1490,58 dólares, el número de unidades que necesitarían moverse es aproximadamente 60. Teniendo en cuenta que hay una cuota de cumplimiento y una cuota de vendedor, eso hace que el costo de la unidad, que usted pasaría a los compradores, sea de unos $32.00. Básicamente, si vendieras el número de unidades que se necesitarían sólo para llegar al punto de equilibrio en una tienda, verías un enorme beneficio.

Para desglosarlo matemáticamente, podemos deducir las unidades de ruptura entre sí, y luego sumar lo que queda para obtener un número aproximado de ganancias.

244(fachada) - 60(FBA) = 184. Vendiendo 184 unidades a $32.00 (cuotas incluidas) = $5,888.00. Si usted compró las unidades al por mayor, a granel a $10.00/unidad, su ganancia total para el mes sería alrededor de $2,700.00.

¿Ves la asombrosa diferencia que hay? Con pocos o ningún gasto, la utilización de FBA podría significar más dinero en su bolsillo. Usar Amazon también significa que no tiene que preocuparse de si ese empleado que contrató se presentará a trabajar o no, no hay una triple red y no hay un alquiler exuberante de un espacio comercial. Ser dueño de su propio negocio puede venir con muchos dolores de cabeza, pero con Amazon ciertamente no tiene por qué ser así. No hay gastos generales reales con los que lidiar, no hay empleados que llamen para avisar de que están enfermos o que se nieguen de plano a presentarse a trabajar. Tiene mucho más sentido utilizar los increíbles servicios que ofrece Amazon. En última instancia, tienes todas las ventajas de ser dueño de un negocio sin todo el drama.

Tenga en cuenta que el ejemplo anterior no incluye ninguna tasa de devolución que pueda ser evaluada y se basa en el almacenamiento/envío de un pequeño paquete. Si bien las ventajas de usar FBA incluyen el servicio de atención al cliente y las devoluciones, eso no es gratuito y, como se ha indicado anteriormente, usted querrá familiarizarse con todas las tarifas que Amazon cobra. Las tarifas cambiarán según el tamaño de las unidades almacenadas/enviadas. Este es sólo un ejemplo básico para mostrar el potencial de mayor beneficio al utilizar FBA.

Ventajas y desventajas

Si estamos siendo 100% honestos, tenemos que hablar de los pros y los contras de usar un servicio como FBA. Ningún sistema o red está libre de defectos, pero al final, el servicio al cliente y los beneficios de Amazon simplemente no pueden ser superados. Hay varias ventajas y desventajas, pero aquí vamos a discutir los principales factores de cada categoría.

Pros:
- Acceso a los millones de usuarios de Amazon en todo el mundo. Esto significa más visibilidad sin tener que anunciarse a través de comerciales o anuncios en revistas o periódicos, lo cual puede ser increíblemente caro. Una vez que haya visto algún éxito con el uso de FBA, querrá considerar la publicidad de pago, de la que

hablaremos más adelante. Al principio, para mantener los costos lo más bajos posible, el uso de servicios gratuitos y medios sociales es un gran lugar para empezar.

- Los vendedores de la FBA pueden calificar para la prima del Amazonas. Esto da una ventaja sobre alguien que no utiliza FBA porque los consumidores quieren ahorrar donde puedan, y Prime significa envío gratis. Si usted está utilizando Amazon Seller en lugar de Amazon FBA, se está perdiendo literalmente miles de posibles ventas.
- Capacidad de enlazar con sitios web externos. Si usted inició un sitio web, los clientes pueden comprar a través de ese sitio y FBA cumplirá el pedido como si hubiera sido comprado en el sitio web de Amazon. Sin embargo, tienes que tener cuidado con esto. Amazon es estricto en lo que respecta a los enlaces a sitios web externos, que es una regla que cubriremos con gran detalle más adelante en este libro.
- La caja de la compra. Este es un espacio que aparece mientras un cliente está comprando y que muestra productos similares, o podría decirse que *los clientes también compraron*. Si utiliza el servicio FBA, es más probable que su producto aparezca en ese codiciado espacio. Las personas que usan Amazon para vender su producto, pero no usan FBA, tienen menos probabilidades de que sus artículos aparezcan en la caja

de compra. Eso le dará una ventaja adicional sobre las personas que venden mercancía similar.
- El servicio de atención al cliente está gestionado por Amazon. En el trato con los clientes, sabemos que puede haber algunos que pueden ser considerados indisciplinados. Ya sea que estén enojados porque su envío llegó un día más tarde de lo esperado, o el producto no era lo que imaginaban, los representantes de servicio al cliente de Amazon manejan el proceso de quejas de los clientes de principio a fin. Tenga en cuenta que esto es si llaman a la línea directa. Si un cliente publica una revisión negativa, usted querrá responder a ella de manera oportuna y profesional.

Contras:
- Debido a que Amazon ofrece un servicio de devolución bastante bueno, es posible que los vendedores puedan ver un aumento en el producto devuelto. En la mayoría de los casos, esto es el resultado de lo que se conoce como compra por impulso. Todos lo hemos hecho y nos sentimos culpables por ello después del hecho. Dado que Amazon permitirá el servicio de devolución gratuita, usted podría ver algunas devoluciones como resultado. No tiene necesariamente que ver con el producto vendido, simplemente alguien que hace una compra que probablemente no debería tener. Tal vez no lo aclararon primero con su cónyuge, o se produjo un gasto

inesperado y la devolución del producto tiene más sentido a sus ojos.

- Las tasas de la FBA. Ya hemos discutido esto en profundidad anteriormente. Sin embargo, si no tiene cuidado y su producto permanece más de seis meses, hay cargos adicionales asociados con el almacenamiento a largo plazo. Dicho esto, si usted calcula cuidadosamente sus honorarios y es consciente de cuánto/cuánto tiempo sus acciones están en un centro de cumplimiento, no debería incurrir en honorarios excesivos. FBA ofrece una gran herramienta de cálculo a la que los vendedores tienen acceso una vez que establecen su cuenta de vendedor en Amazon. Es absolutamente necesario hacer uso de esta herramienta para asegurar el éxito.
- Prepararse para enviar su producto a Amazon puede ser difícil. Los requisitos para llevar su mercancía a sus centros de cumplimiento son estrictos. El etiquetado debe ser preciso. Lo mismo se aplica al uso de UPC's, y cada producto tiene que ser empaquetado individualmente. Si Amazon tiene que empaquetar o re-empaquetar su producto, le cobrará una tarifa. Es mejor asegurarse de que si está utilizando un proveedor externo que envía su producto directamente a Amazon, éste conozca y siga los protocolos de envío de Amazon. El uso de proveedores externos generalmente ocurre cuando usted elige comprar su mercancía deseada al por

mayor. Como parte del trato, a menudo empaquetan y envían su producto a los centros de cumplimiento. Es una gran ventaja, pero si no lo empaquetan correctamente, verá la tarifa añadida a su factura mensual. Si elige trabajar con un mayorista, haga que sea parte de su contrato que ellos empaqueten sus materiales según el estándar de Amazon.

- Mezcla de productos. Cuando se inscriba para vender en FBA, asegúrese de leer detenidamente la información sobre la mezcla, y decida si desea o no excluirse de ella. Si no se excluye, su producto se incluye inmediatamente en esta opción. Esto significa que mientras un cliente puede haber comprado en su tienda virtual, podría recibir un producto que es "co-mezclado", que podría ser un producto completamente diferente. Esto sucede cuando los códigos de barras se almacenan juntos. Si usted está vendiendo productos similares a otra persona, pero sus productos son de calidad mucho más baja, usted podría obtener una revisión negativa. Peor aún, ha habido casos de acciones legales tomadas contra vendedores que inadvertidamente optaron por mezclar su producto. Lo que se vendió ni siquiera era de ellos, y a la larga eso se puede probar. Sin embargo, es un dolor de cabeza que preferiría evitar.

- Puede que te resulte más difícil seguir el rastro de la mercancía. Esto generalmente se convierte en un problema cuando los vendedores están almacenando toneladas de producto. La dificultad viene de tratar de averiguar lo que tienes y lo que no tienes, lo que se vende y lo que no se vende, y dónde recortar, si es necesario. Esta es una instancia en la que la autocontención se vuelve vital. Puede parecer un gran negocio comprar mil unidades de un producto en el que usted encontró una oferta increíble, pero si termina en los estantes, o si usted compró demasiadas unidades para mantener un seguimiento razonable, usted podría potencialmente perder mucho dinero.

- Cumplir con los códigos de impuestos locales, estatales y federales. Revisaremos los formularios de impuestos específicos más adelante en este libro. Mientras tanto, es crucial recordar que hay que hacer un seguimiento de todas las ventas para poder informar con precisión al final del año. Algunos vendedores pagan impuestos trimestralmente para evitar un gran golpe en la temporada de impuestos. Si eso no es algo que le interesa, asegúrese de tener excelentes registros para presentar los impuestos con precisión en abril.

Si los convictos le hacen dudar de su decisión de usar FBA, ¡no los deje! Anteriormente, discutimos los posibles márgenes de beneficio en comparación con el uso de FBA sobre el alquiler de una tienda. Por no mencionar que usar Amazon es, como se ha dicho, lo mismo que anunciar su producto comercialmente, en todo el mundo, por centavos de dólar. Tener su mercancía en un centro de cumplimiento puede costar menos y ayudarle a ganar más. Si realmente se consideran ambos, está claro que los pros superan con creces a los contras, lo que significa que FBA es el camino a seguir.

Además, es mejor no preocuparse por la posibilidad de que algo pueda salir mal. Inevitablemente, lo hará porque nada funciona bien el cien por ciento de las veces. Se encontrarán con problemas, pero también encontrarán maneras de superar cualquier obstáculo que se interponga en su camino. Tener una actitud de "se puede hacer" es lo que hace a las personas más exitosas del mundo. Dirigir un negocio de FBA puede no ser tradicional, pero es una de las mejores y más fáciles maneras de capitalizar en un mercado en el que se pueden ganar cientos de miles de dólares al año.

Capítulo 4: Cómo empezar con FBA

"Todo el progreso tiene lugar fuera de la zona de confort".
-- Michael John Bobak

Para empezar con FBA, es importante tener en cuenta que hacerlo no es fácil.

En realidad, hay mucho que pensar que es necesario profundizar en varios aspectos de la venta en Amazon: la selección de productos, lo que se va a cobrar, las tarifas, la comercialización y la comprensión de las normas y reglamentos de la FBA para evitar cualquier problema innecesario. Aunque habrá algunos dolores de cabeza menores a lo largo del camino, sepa que en última instancia la FBA es el mejor camino a seguir.

En última instancia, este puede ser el empujón lateral que se convierte en un negocio propio a tiempo completo y con grandes ganancias.

La idea de no tener que informar a nadie más que a ti mismo debería hacerte sonreír.

En este capítulo, discutiremos lo que hay que tener en cuenta antes de empezar y de establecer su sitio web.

Lo que hay que saber antes de empezar

En el próximo capítulo, hablaremos de cómo encontrar el producto adecuado para su tienda FBA. Aparte de eso, repasaremos casi todo lo demás para que usted pueda tomar una decisión informada.

En primer lugar, los vendedores no pueden empezar a vender en Amazon. No es tan simple como tomar unas cuantas fotos, ponerles un precio y sentarse a esperar que llegue el dinero. Hay pasos a seguir para encontrar el éxito en el Amazonas.

Si ya tiene una cuenta de venta, querrá añadir FBA. Si aún no ha iniciado una cuenta de ventas, vaya al sitio web de Amazon y comience. Registrarse es gratis, y tendrá su tienda virtual lista para la mercancía una vez que haya seleccionado el producto o la marca que va a vender.

En segundo lugar, sepa que podría haber una fase de prueba y error en la que usted descubre los productos que se venden frente a los que no se venden.

FBA no es un esquema rápido para hacerse rico, pero hay mucho dinero que se puede ganar si se está dispuesto a hacer un esfuerzo extra, especialmente al principio.

Uno de los mayores errores que comete la gente es pensar que es fácil empezar a ganar dinero en Amazon y que una tienda virtual no tiene que ser tomada tan en serio como una tienda real. Eso simplemente no es verdad. A menos que hayas ganado la lotería, ganar dinero extra no es un paseo por el parque.

Si usted está pensando que tal vez ir por la ruta *Fulfulfilled by Merchant* (FBM) podría ser una forma más barata y sencilla de iniciar su negocio, piénselo de nuevo. Al utilizar FBM, usted sigue siendo un vendedor de terceros en el sitio web de Amazon. Sin embargo, las personas que utilizan FBM en lugar de FBA no son elegibles para el envío Prime. Decenas de miles de personas pagan anualmente por Amazon Prime porque quieren ese envío gratuito de dos días exclusivo para los miembros de Prime. Si usted está vendiendo algo tan increíblemente único que nadie más lo tiene, y la gente se muere por comprarlo, entonces la ventaja añadida de utilizar FBA para el acceso a Prime no importaría tanto. Tal como está, la mayoría de la gente no se da el lujo de vender un producto único en su clase y los compradores comprarán exactamente el mismo producto, aunque cueste un poco más, sólo por ese envío gratuito. No escatime en las cosas importantes. FBA es algo en lo que se debe invertir seriamente su tiempo, dinero y energía.

Otra cosa de la que los vendedores deben ser conscientes es que se están poniendo demasiado ansiosos. Digamos que usted ha encontrado una tonelada de producto a un precio súper bajo y está emocionado por comprar los productos, entonces dé la vuelta y véndalos en su recién creada tienda FBA. Es importante investigar el producto que pretende comprar antes de gastar el dinero.

Revisa el sitio de Amazon y asegúrate de que no haya ya cientos de otros comerciantes vendiendo exactamente la misma mercancía. Habrá casos en los que los productos que usted tiene para ofrecer ya se están vendiendo. Lo que se quiere evitar es una sobreabundancia, tanto en Amazon como en lo que se paga por mantener almacenado en uno de sus centros de cumplimiento. Recuerde que, si usted tiene el producto en los estantes por mucho tiempo, usted incurrirá en esa cuota de almacenamiento extendida.

Comprar más producto del que puede vender en un tiempo razonable probablemente resultará en esos cargos adicionales.

Preparación

Lo que es particularmente bueno del proceso FBA es lo fácil que es de configurar. La decisión más difícil que tendrá que tomar cuando se inscriba en el sitio de Amazon es qué plan le gustaría utilizar. Hay dos, uno es individual y el otro profesional. Ambos pueden ser utilizados para FBA y la diferencia es el costo. Si está empezando y no está seguro de que FBA sea adecuado para usted, lo mejor sería seleccionar la cuenta individual. El costo de envío en esa opción es de .99¢ por artículo vendido. Si no está seguro de cuánto terminará vendiendo en el primer mes, el plan individual puede ser el mejor. Con esta opción, sin embargo, tenga en cuenta que el producto podría venderse mucho más rápido de lo que usted había previsto originalmente, lo que podría resultar en que usted no obtuviera beneficios porque tuvo que pagar mucho para enviar sus mercancías. Por otro lado, si usted está entusiasmado y listo para vender toneladas de producto, seleccione un profesional. Eso tiene una tarifa plana de 39,99 dólares al mes.

Hay algunas cosas que usted necesitará tener cuando se registre, sin importar la opción que elija.

- Si no lo ha hecho en este momento, asegúrese de registrarse para obtener una cuenta de vendedor en Amazon.
- Una vez que tenga su cuenta de vendedor lista, tendrá que registrar el nombre de su negocio, número de teléfono y dirección.

- Lea, y luego firme electrónicamente el acuerdo del vendedor.
- Seleccione su método de facturación preferido.

El proceso paso a paso en Amazon se explica por sí mismo y es sencillo de utilizar. Proporcióneles toda la información que requieran, y una vez que esté completa, usted será llevado a la página central de su vendedor. Allí podrá gestionar su inventario, subir fotos de la mercancía, organizar su catálogo y ver los informes financieros. Cada parte de la plataforma de ventas de Amazon es increíblemente fácil de usar. Si encuentra que falta algo o tiene alguna pregunta, hay un amable representante de Amazon disponible para responder a sus preguntas y guiarle a través del proceso. Esa es una de las muchas razones por las que Amazon es superior a cualquier otro sitio web de cumplimiento. Van más allá para asegurarse de que tanto el vendedor como el consumidor estén satisfechos con el proceso de principio a fin.

A medida que continúe a través del proceso, llegará a un paso en el que se le preguntará si usted o Amazon serán responsables del envío. En ese momento, usted quiere asegurarse de que selecciona la opción que dice que quiere que Amazon se encargue del envío y del servicio al cliente. Esa es la parte de la plataforma de la FBA, y perderse ese paso podría causarle alguna pena hasta que se remedie. No es un fin en sí mismo y puede ser cambiado en cualquier momento, así que trate de no preocuparse si accidentalmente selecciona la opción incorrecta.

Una vez que haya seleccionado la opción de cumplimiento por parte de Amazon, se le llevará a otra página para que acepte más condiciones de servicio. Léelos con cuidado, y una vez que estés de acuerdo, estarás listo para irte.

Si llega una semana más o menos y la mercancía no está todavía volando de las estanterías, tiene la opción de embarcarse usted mismo en lugar de usar el servicio de FBA, lo cual es genial. Puede ahorrar algo de dinero si el primer mes es un poco lento. Sin embargo, le recomendamos que le dé tiempo al proceso para que funcione para usted. Como casi todo lo demás, el éxito no ocurre de la noche a la mañana y aunque puede ser angustioso sentarse y esperar a ver qué pasa, confíe en que este proceso funcionará y encontrará el éxito que está buscando.

Envío

Como parte del proceso de configuración, usted va a querer tener una cosa importante en mente.

Cuando se trata de un envío, asegúrese de que está ofreciendo el envío gratuito.

Si bien puede quitarle de su balance final, eso es un gran atractivo para los consumidores y si hay un vendedor que ofrece un producto similar, pero el envío de ellos es gratuito y el suyo no, usted acaba de perder una venta.

Si usted es estratégico en cuanto a la fijación de precios, incluyendo la investigación de lo que cobran los competidores, podría agregar parte del costo de envío al precio total de la unidad, lo que ayudará a compensar lo que podría perder al ofrecer el envío gratuito. Debido a que las tarifas de envío son mucho menores cuando se utiliza FBA, no debería tener que aumentar mucho el precio por unidad, si es que lo hace, lo que le ayudará a mantener esa ventaja que necesita para competir en Amazon.

Con el envío gratuito vienen devoluciones gratuitas, así que, si el cliente no está satisfecho con el producto, o fue una compra por impulso y decidió enviarlo de vuelta, usted también será responsable de esa tasa porque las devoluciones y el envío son gratuitos para el cliente, no para el vendedor. Utilice la calculadora de tarifas que Amazon ofrece como parte de su plataforma y servicios ejemplares de la FBA.

Capítulo 5: Selección de productos

"La gente que tiene éxito tiene impulso. Cuanto más éxito tienen, más quieren tener éxito y más encuentran la manera de tenerlo. Del mismo modo, cuando alguien está fallando, la tendencia es a entrar en una espiral descendente que puede incluso convertirse en una profecía autocumplida".

-- Tony Robbins

Como se ha mencionado anteriormente, es esencial seleccionar un producto con el que el mercado no esté muy saturado. Los juguetes suelen ser una apuesta segura, especialmente en Navidad. No importa lo que decida ofrecer, tómese el tiempo de investigar el atractivo del producto antes de gastar cantidades exuberantes de dinero para comprar mercancía que podría no venderse. También hay partes del sitio web de Amazon que están "cerradas" o restringidas. Para poder entrar en esas áreas, lo cual definitivamente querrá porque abre muchas más oportunidades, Amazon revisará sus revisiones, tenga o no una cuenta de negocios, y necesitará proporcionarle a Amazon los recibos y facturas cuando los soliciten para su revisión.

Conseguir que no haya restricciones llevará algún tiempo, pero saber que es algo que hay que trabajar por adelantado es increíblemente útil. Mientras espera para tener acceso a más clientes, veamos qué tipo de producto puede tener en las estanterías de Amazon.

Hay cuatro categorías generales a considerar cuando se busca mercancía para vender. Estas son las áreas en las que los usuarios de la plataforma FBA han encontrado más éxito. Puede probar la etiqueta privada y decidir que no es lo que esperaba, y eso está completamente bien. Trate de ahondar en el arbitraje de la venta al por menor para ver si eso funciona para usted. No importa qué curso elija, asegúrese de que el producto o productos seleccionados sean algo que le apasione y con lo que pueda hablar. Investigue cada aspecto de la mercancía para asegurarse de que no es sólo algo que atraerá a los compradores, sino algo que hará dinero una y otra vez.

- Productos de marca propia
- Artículos de uso delicado, o aquellos que han sido devueltos y en buen estado
- Venta al por mayor
- Arbitraje de la venta al por menor

las baterías. Sin embargo, hay algunos productos de alimentos y juguetes que, si bien son permitidos por Amazon, podrían tener bastante burocracia legal que cortar. Por eso es importante la investigación. Asegúrese de que el producto que elija será fácil de cumplir.

- A toda costa, debe evitar los artículos de temporada. Cualquier cosa relacionada con un día festivo como Halloween o Pascua se considera de temporada y son increíblemente difíciles de vender fuera de su temporada. En general, este tipo de bienes se desarrollará bien antes y durante el período de tiempo en el que son populares. Sin embargo, después de la temporada, usted podría enfrentarse a una pérdida, ya que tendrá que hacer un gran descuento en esos productos para venderlos. Seguramente no querrás que se queden en las estanterías de Amazon hasta el año que viene, debido a las altas tarifas que tendrías que pagar. En última instancia, es probable que pierda dinero si intenta vender artículos de temporada. Si desea venderlas durante la temporada apropiada, asegúrese de no comprar más de lo que está absolutamente seguro de vender. De esta manera no se pierde dinero ni se incurre en esos gastos.

- Cuando considere sus opciones, especialmente si es la primera vez que lo hace, elija algo compacto y ligero. Amazon cobra sus tarifas de almacenamiento por

dimensión y las tarifas de envío se calculan mediante una combinación de dimensión y peso.
- Por último, busque artículos que sean sencillos. La electrónica es genial, pero si es defectuosa, puede ser una pesadilla cuando se trata de las devoluciones y los gastos de envío asociados a ellas. Además, la tecnología cambia tan rápidamente que casi no vale la pena invertir en ella como producto para vender en Amazon.

Los artículos usados o devueltos con cuidado son en realidad una apuesta bastante segura. Mucha gente ha encontrado un gran éxito comprando artículos de ventas de garaje o inmobiliarias, y luego dándose la vuelta y vendiéndolos en su plataforma de ventas a través de Amazon.

Algunos artículos pueden requerir un poco de cariño para que parezcan brillantes y nuevos. No lo olvides, hay compradores que aman los artículos de época y pagarán por tener un producto que parezca envejecido.

También puede considerar la venta de artículos usados que tiene en casa bajo esta categoría, lo cual es genial porque es un producto que ya tiene y no tiene que gastar dinero en la compra para su tienda virtual.

Con los artículos usados, como cualquier otro, usted querrá hacer una búsqueda y ver por qué se venden artículos similares. A menudo, vender libros en FBA no tiene sentido, ya que normalmente hay cientos de copias del mismo libro que usted está ofreciendo a un precio que no puede permitirse el lujo de tratar de igualar. Los libros se consideran una moneda de diez centavos la docena y a menos que sea algo que usted mismo haya escrito, no vale la pena tratar de competir en la FBA. Además, hay algunas categorías en las que Amazon no le permitirá vender artículos usados. Esto incluye zapatos, ropa de bebé y cualquier otra ropa usada. Aunque sólo se haya usado una vez, se considera usado y no un producto que se pueda vender.

Si decide vender artículos usados, asegúrese de ser honesto acerca de la condición. Llamar a un producto usado *con delicadeza* cuando en realidad no lo es puede resultar en un cliente insatisfecho y en la prohibición de Amazon. No importa qué producto elija para vender, sea honesto acerca de la condición. Es difícil tener éxito sin integridad.

La venta al por mayor se explica por sí misma. Hay toneladas de mayoristas, ya sea en línea o en convenciones, donde usted puede comprar artículos al costo, luego venderlos en su sitio y obtener una ganancia. Tenga en cuenta las normas y reglamentos para la venta al por mayor. Hay algunos lugares en los que se le puede exigir que tenga una licencia de venta al por mayor antes de que pueda comprar los artículos al costo. Sin embargo, la concesión de licencias en la mayoría de los estados no es costosa y abre una nueva vía para comprar barato y vender caro.

En ocasiones, comprar al por mayor puede ser una prueba de paciencia. Hay algunos mayoristas que son escépticos de vender a individuos, especialmente aquellos que aún no se han hecho un nombre en la industria. Sin embargo, no dejes que eso te disuada. Hay mucho dinero por hacer en el juego de la venta al por mayor. Si encuentras a la persona adecuada dispuesta a trabajar contigo, tienden a ofrecerte descuentos más profundos cuanto más producto compres. Sin embargo, tenga cuidado con el exceso de compras. Aunque probablemente sea una oferta increíble, tenga en cuenta que si el producto no se vende rápido a través de FBA, podría estar viendo esas molestas tarifas de almacenamiento a largo plazo. Una vez que hayan establecido una relación con un mayorista, es más probable que puedan llegar a otros que, sabiendo que ya se han ganado el respeto de otro mayorista, estarán dispuestos a venderles su producto, lo cual es genial para una futura expansión.

Antes de pasar al tema final, hablemos de algunas razones sobresalientes por las que la venta al por mayor podría ser adecuada para usted:

- No hay límite en cuanto a la cantidad de producto que puede comprar, siempre y cuando el vendedor se sienta cómodo con él, usted pueda permitírselo y tenga cuidado de no exagerar para no afectar negativamente a sus ventas.
- Con la marca adecuada, puede seguir vendiendo el mismo producto y obtener beneficios.
- Una vez que se haya establecido como un vendedor serio, sus oportunidades pueden ser ilimitadas.

Por último, está el arbitraje de la venta al por menor. Esta es una de las formas más comunes de ganar dinero en FBA. Simplemente se compran artículos en grandes tiendas como Walmart o Target, y luego se venden en Amazon a un precio más alto. Suena tonto, pero te sorprendería saber cuánta gente preferiría pagar una prima para comprar desde la comodidad de su propio hogar en lugar de ir a la tienda y comprarla ellos mismos. El arbitraje en la venta al por menor es grande y muchas personas han encontrado un gran éxito usando esto como su método de venta en Amazon.

Echemos un vistazo a cada una de ellas individualmente y más a fondo para ayudarle a tomar una decisión informada sobre lo que podría ser mejor para usted. Podría considerar la posibilidad de vender bajo más de una de las opciones enumeradas anteriormente, lo cual sería ambicioso, y eso es estupendo. Siempre y cuando esté comprando el producto adecuado, sin duda encontrará el éxito.

Marca privada significa que una empresa crea el producto mientras que otra, la suya, marca los productos, añade un logotipo o una frase y luego lo vende como propio. Un ejemplo de marca privada son los grandes minoristas que toman un producto y le ponen su propio nombre. Por ejemplo, un minorista como Target haría su propia marca de toallas de papel y competiría contra Bounty. La mayoría de las personas saben que la calidad es probablemente similar, pero pueden ahorrar dinero comprando la marca Target. Esta es en realidad una gran opción porque puede obtener productos con los que los consumidores están familiarizados, al tiempo que crea una marca y una etiqueta para usted mismo.

A continuación, se presentan algunas cosas que debe considerar cuando trate de decidir si la venta de productos de etiqueta privada es adecuada para usted:

- Es mejor tratar de encontrar productos que no estén fuertemente regulados por Amazon o cualquier otra agencia reguladora. Anteriormente discutimos lo que Amazon se niega a permitir, una de esas categorías son

Si elige el arbitraje de venta al por menor, definitivamente querrá descargar la aplicación Amazon Seller App. Es completamente gratis y será una gran herramienta para buscar rápidamente el precio de venta de varios artículos en Amazon para que usted pueda comparar con lo que podría estar pensando en vender. Esta aplicación te permite tomar fotos de los productos que encuentras en la tienda para ver cómo le va a las ventas en línea. Esta es una manera rápida y fácil de decidir si debe o no hacer una compra en tiempo real.

Otra aplicación que querrá descargar, independientemente del método o métodos que elija utilizar, es la aplicación de código de barras. Esto hará su vida en FBA un millón de veces más fácil y también es una aplicación gratuita.

Algunos minoristas que puede considerar son Marshall's, Ross, Outlet Stores y TJ Maxx. También puedes buscar en Craigslist para encontrar buenas ofertas. Es uno de esos sitios web en los que hay que tener cuidado con las estafas y la cantidad de tiempo que puede necesitar para buscar los productos adecuados podría hacer que no valga la pena.

Para algunas de las tiendas más grandes, puedes ir a Walmart, Target y Home Depot. Si decide ir a esos, o a cualquier otro minorista, vaya a la sección de despacho inmediatamente. Pagar el precio total de venta al público de cualquier artículo resultará en un beneficio escaso o nulo.

En la tienda, abrirá la aplicación Amazon seller y comenzará a escanear los códigos de barras. Con la aplicación, le dirá si el producto es elegible para la venta y en qué rango, si lo hay, se encuentra el producto, lo que determinará si vale la pena. Una vez que haya pasado por el proceso con el producto elegido, la aplicación le dirá cuál puede ser el margen de beneficio, si lo hay. La aplicación también explicará cuánto costará el envío del artículo y cualquier otra tarifa incluida, lo cual es útil para tomar una decisión.

Independientemente del método que elija, al principio es aconsejable mantener el precio del producto por debajo de los 100 dólares. Durante las fiestas, se pueden considerar artículos de mayor tamaño, pero a todos los efectos, la persona promedio no gasta cientos de dólares a la vez en Amazon. Si quiere llegar a más gente, tendrá que mantener los precios más bajos. Una vez que lo haya clavado, entonces considere la posibilidad de pasar a artículos más altos del boleto. No puedo subrayar la importancia de asegurarse de que los artículos más caros se compren con moderación para mantener sus márgenes de beneficio más altos.

Búsqueda de categorías de productos

Hay un par de maneras de investigar el producto adecuado para su tienda. En primer lugar, puede utilizar cualquier motor de búsqueda gratuito en Internet. Google y Bing tienden a producir resultados similares. Puede que le lleve un poco más de tiempo del que normalmente desearía dedicar a buscar en Internet, pero recuerde que es gratis.

La otra forma es añadir una herramienta analítica de investigación a su sitio.

Compañías como Data Hawk y Jungle Scout ofrecen servicios de pago que permiten a los vendedores conocer las tendencias de los productos, para que puedan seleccionar mejor la mercancía para su tienda virtual. Data Hawk, en particular, ofrece un plan mensual gratuito y sus precios llegan hasta los 100 dólares al mes. Si esta es una ruta que le gustaría explorar, pruebe los planes gratuitos. La mayoría de los sitios ofrecen un período de prueba en el que los vendedores pueden probar el servicio de pago para decidir si vale la pena o no. También le dará la oportunidad de utilizar esos servicios sin cargo alguno, poniendo un poco de dinero extra en su bolsillo durante el mes.

Elección del producto adecuado

Una de las mejores cosas que se pueden hacer para reducir lo que se quiere vender es considerar lo que a uno le apasiona particularmente. Haga una lista de todas las cosas que le gusta hacer o hacer, pasatiempos o intereses. Intente pensar fuera de la caja para poder encontrar un producto que sea un poco más único y que pueda atraer a más consumidores. Encontrar algo que te atraiga a nivel personal hace que sea más fácil venderlo a otras personas porque es un bien del que eres conocedor. Si usted puede hablar con un producto a un nivel que la gente pueda ver y del que usted sabe mucho, es más probable que hagan una compra.

Si las cosas que está considerando son demasiado amplias, intente reducirlo aún más. Por ejemplo, si usted está considerando vestidos, tal vez trate de reducirlo a vestidos de cóctel.

Una vez que tenga una lista, si se trata de más de una docena de artículos, dé un paso más y reduzca la lista a unos tres o cuatro artículos. A partir de ahí, puede investigar esos productos tanto a través de los motores de búsqueda tradicionales, como recorriendo los sitios de Amazon que ofrecen productos similares, de modo que pueda determinar qué producto se parece menos a los demás y es más probable que se venda.

Como se ha mencionado anteriormente, la selección de los bienes correctos para vender es fundamental para el éxito en Amazon. Investigue tanto como pueda, gratis o pagado, y encuentre lo que le dará más beneficios. Los nichos de mercado son muy buenos, así que si ya tienes una idea de productos únicos para vender, eres de oro. Si todavía no está seguro de qué vender, hemos enumerado un par de cosas a considerar a continuación. Incluso si ninguna de ellas le atrae, las ideas pueden ayudarle a pensar en cosas similares que le gustaría vender.

Lo creas o no, la comida es un artículo de moda en el Amazonas. Desde los granos de café cubiertos de chocolate hasta la carne, la compra de alimentos en línea es increíblemente sencilla a través de FBA. ¿Quizás tengas una receta malvada de salsa o una vieja y familiar salsa de tomate? Si no tiene una gran idea para un producto alimenticio, o simplemente desea evitar la molestia de cocinar y enlatar, puede comprar alimentos al por mayor y luego venderlos en su sitio FBA al por menor.

Una vez más, usted querrá tomarse el tiempo para investigar su mercancía antes de montar la tienda. Algunos de los otros artículos de moda en Amazon en este momento son las fundas de teléfono, los relojes de hombre y los timbres de video.

Si cree que ha encontrado el producto perfecto para vender, asegúrese de que una marca importante no esté ya saturando el mercado. Puede que ofrezcas exactamente los mismos productos que los otros tipos, y puede que incluso sea más barato. Sin embargo, la gente a veces se decanta por la marca que conoce y confía en el pequeño, aunque les cueste más. Por ejemplo, si una marca de maquillaje importante estuviera vendiendo su más reciente lápiz labial, usted querría evitar esa categoría.

En última instancia, encontrar ese objeto único es lo que mejor funcionará, pero también se puede ganar mucho dinero jugando al juego de arbitraje.

Por último, tenemos algunos consejos y trucos para proporcionarle al tomar esa decisión final sobre el producto que desea vender.

Durante la fase de investigación, debería haber tomado nota de los productos que son increíblemente populares entre otros minoristas. No es prudente tratar de estar en contacto con un comerciante ya establecido vendiendo exactamente las mismas mercancías que ellos. Las personas que han establecido una base de clientes leales y grandes, incluyendo los minoristas de cajas grandes, deben ser considerados como una seria competencia. Modifique su producto para que se destaque entre los demás, o elija algo diferente para evitar competir con demasiados minoristas que ofrecen el mismo producto.

Si usted elige un producto que está siendo vendido por los minoristas de cajas grandes, la mejor apuesta es comprar a granel, o con un gran descuento para que usted pueda ofrecerlo a un precio reducido, que es una gran manera de competir y sacar su nombre a la luz. Hacerlo podría incluso atraer a esos clientes leales a su tienda virtual si saben que pueden conseguir el mismo producto con un gran descuento. Sólo asegúrese de no afectar sus gastos generales o su resultado final porque, en última instancia, el objetivo es ganar dinero, no perderlo.

Después de que haya hecho toda su investigación, reducido su lista y considerado las opciones, debería haber llegado a una gran conclusión sobre qué producto vender en Amazon.

Cómo obtener el producto seleccionado

Por lo tanto, una vez que haya seleccionado los productos para vender en línea, es el momento de buscarlos. Hay algunas maneras de conseguir un producto y estas incluyen el envío, el bricolaje o la utilización de un fabricante o mayorista.

Dropshipping es trabajar con un proveedor para comprar sus productos para venderlos en su tienda online. El bricolaje es simplemente una idea propia. También podría ser una variación de algo que ya existe. En realidad, añadir un poco de algo extra a un producto existente es probablemente una de las formas más fáciles y quizás más divertidas de ganar algo de dinero extra. Finalmente, puede trabajar con un fabricante o mayorista.

Ya que ha decidido qué bienes vender, todo lo que necesita hacer es encontrar el método de aprovisionamiento adecuado. Si decide trabajar con un mayorista, es importante saber que hay muchos sitios de estafa en línea que dicen ser negocios legítimos. Al final no te envían más que basura por demasiado dinero y no hay nada que puedas hacer al respecto. Tenga mucho cuidado cuando busque mayoristas en línea. La compra de los materiales que necesita para crear su producto es más barata usando el mayorista, siempre y cuando pueda localizar un distribuidor legítimo.

Un par de cosas más que hay que tener en cuenta aquí son si es necesario o no probar el producto que ha elegido y/o encontrar un proveedor.

Cuando hablamos de pruebas de productos, nos referimos a asegurarnos de que los productos que usted ha comprado son de alta calidad. A veces, la gente elige comprar marcas genéricas para poder ahorrar dinero en la parte delantera. Si no está ya muy familiarizado con el producto que elige comprar, querrá probar este producto para asegurarse de que es de buena calidad para no molestar a los clientes con un producto defectuoso o pobre.

Para los proveedores, hay varias opciones:

- Alibaba - Con el fin de ahorrar dinero, algunos de los vendedores más exitosos de la FBA utilizan este servicio. Se abastecen de productos de fuera de los Estados Unidos, utilizando tarifas por volumen, con un descuento del veinticinco por ciento. Alibaba es una fuente de confianza, pero si nunca los ha utilizado antes, usted querrá asegurarse de probar el producto que recibe de ellos para garantizar la calidad antes de ponerlo a la venta en su sitio FBA.
- Fuente local - Si encuentra un fabricante local de quien obtener su producto, ¡bien por usted! No sólo puede ahorrar dinero en el envío al recoger el producto usted mismo, sino que está ayudando a los propietarios de negocios locales a prosperar, lo cual es simplemente un buen karma de negocios.
- Ferias comerciales - Si presta mucha atención a lo que sucede en su área, verá que a menudo hay ferias

comerciales que tienen nichos similares al suyo. La compra de productos a precios cercanos a los precios de mayorista en una feria comercial es también una gran manera de obtener su producto. En la mayoría de los casos, puede probar los productos allí mismo, asegurándose efectivamente de que lo que está comprando es un producto bueno y sólido que puede dar vuelta y vender a sus clientes. Asimismo, esta es una gran manera de construir una relación duradera y lucrativa con un mayorista. También es una excelente manera de establecer contactos y conocer a nuevas personas, lo que le dará la posibilidad de tener más clientes en el futuro.

Anteriormente, nos referimos a la compra de artículos en un minorista de cajas grandes con un gran descuento o al por mayor. En realidad, se trata de una estrategia decente, siempre y cuando no se utilice como una solución a largo plazo. Siendo realistas, usted sólo querría hacer esto si quiere vender algo fuera de su nicho seleccionado. Obviamente, no querrá dejar pasar un gran momento, así que si ve un bien que sabe que es un gran producto con un gran descuento, recójalo y véndalo en su sitio web. Sin embargo, trate de evitar las compras impulsivas. Si bien una venta puede parecer un robo, es conveniente realizar una búsqueda rápida en Google para asegurarse de que el producto se venda realmente y que el mercado no esté ya saturado. Esa podría ser la razón por la que se ofrece tan barato.

Personalización

Generalmente, la personalización se refiere al tipo de marca que usted va a poner en un producto para hacerlo un poco más único para usted. Esto también puede incluir el grabado o el bordado cuando lo solicite el cliente. Si decide grabar o bordar, tenga en cuenta el coste asociado a ello porque afectará a su resultado final. Por supuesto, ese es un costo que podría ser trasladado al cliente. Sin embargo, afectaría al tiempo que tarda el producto en llegar de usted al cliente. Además, es importante tener en cuenta que, si el comprador termina sintiendo aversión por el producto y lo devuelve, es posible que usted tenga algo que no se pueda vender, especialmente si el nombre es particularmente único.

Hay otros productos que también pueden ser de marca o personalizados. Por ejemplo, si usted quisiera vender botellas de agua de plástico, libres de BPA, con su marca, eso sería algo que se lograría a través de la compra al por mayor. Además, cuando se trabaja con una imprenta que va a completar el proceso de personalización, tienden a ofrecer descuentos por volumen también.

Envío

Como se ha mencionado anteriormente, Amazon se encarga de todos los envíos. También revisamos los cargos. Además de cubrir los gastos de envío como parte de su acuerdo FBA, tal vez quiera considerar echar un vistazo a lo que costaría enviar al extranjero, en caso de que un consumidor de otro país desee comprar sus mercancías.

Capítulo 6: Mercadeo

"No dejes que el miedo a perder sea mayor que la emoción de ganar".
-- Robert Kiyosaki

Para empezar este capítulo, vamos a hablar de lo que es el mercado. Marcar un artículo es añadir una frase, un logo, un símbolo o cualquier otro componente de identificación. El mercadeo es algo que debe tomarse en serio y debe ser reconocible. No es el tipo de cosa que uno querría cambiar excesivamente, tal vez ni siquiera en absoluto. La gente necesita ver la consistencia y les ayuda a recordar ciertas marcas si los logotipos no cambian constantemente. Por ejemplo, todo el mundo conoce los arcos dorados de McDonald's, que ha sido su marca desde que empezaron a vender hamburguesas. La forma puede haber cambiado ligeramente a lo largo de los años, pero en su mayor parte se ha mantenido igual.

Otra cosa que hay que tener en cuenta al contemplar una marca es no ser demasiado estrecho. Por ejemplo, no es aconsejable utilizar el nombre de una calle o una ciudad en su marca. Esto es, en caso de que decida expandirse en el futuro, lo cual podría no ser del todo relevante utilizando un servicio como FBA. Sin embargo, si usted eventualmente quiere ir a otros mercados, lo mejor es tener un nombre que pueda ir a cualquier ciudad del mundo.

Encontrar una marca única puede ser difícil. Todo el mundo tiene sus preferencias, pero si lo piensas bien, ninguna marca está realmente por encima de las demás, lo que significa que todas ellas se agrupan en las categorías en las que existen. La mejor manera de tratar de sobresalir por encima de los demás es hacer su investigación. ¿En qué se centran las otras marcas? ¿Son sus marcas demasiado amplias? Si lo están mostrando *todo,* quizás usted se centre en uno o dos aspectos atractivos de su marca y la comercialice a partir de ahí. Lo que esto se reduce a encontrar y comercializar una marca que es lo suficientemente única para ser notada y finalmente recordada y reconocida.

Mantener la marca simple también es clave. Puede sonar contra intuitivo considerando que acabamos de hablar de ser únicos. Sin embargo, es posible ser a la vez único y simple. Las marcas con demasiadas cosas en marcha tienden a confundir o a desanimar a los potenciales compradores, normalmente de forma subconsciente. Usted querrá encontrar algo que sea memorable, pero sin complicaciones, sin ser simple. Las etiquetas pueden ayudar enormemente con una marca. De esta manera, puedes ser un poco más creativo con el logo en sí, sin exagerar, por supuesto, y luego crear un eslogan que la gente asociará con tu marca.

En un capítulo anterior, mencionamos los nichos de la lluvia de ideas. Esto también debería hacerse cuando se trata de la marca. Piense en las cosas que le gustaría lograr con su marca y dónde la verá en el futuro. En esta fase, puede incluso desarrollar el aspecto del logotipo o los símbolos que desea utilizar.

Después de la lluvia de ideas, realice una búsqueda para asegurarse de que los símbolos, logotipos o términos que le gustan no están ya en uso. Debido a esto, usted querrá asegurarse de hacer una lluvia de ideas durante esa fase del proceso de creación de la marca. Sería un fastidio pensar que has conseguido la marca perfecta sólo para ir a investigarla y descubrir que ya está en uso. Tenga muchas opciones para evitar la decepción durante esta fase.

Una última cosa que cubriremos sobre la búsqueda de la marca correcta es que una vez que la hayas clavado, ese tiene que ser el bloque de construcción sobre el que se apoya todo lo demás. Desde los medios sociales hasta el embalaje, la marca debe ser la piedra angular de todo lo que hagas. Recuerde que su marca va a ser lo que la gente reconozca y compre una y otra vez, así que asegúrese de que esté en todas partes. Además, asegúrese de que todo gire en torno a la marca.

Registro de su marca

Ahora que tiene su marca en mente, es hora de registrarse. Esto incluye el nombre de su empresa y su marca. Esto cuesta dinero, y las regulaciones varían según el estado, pero para mantener su nombre y marca, es esencial registrarse. Has puesto tu sangre, sudor y lágrimas en esta marca. Si no lo consigue, otra persona se aprovechará de todo el trabajo que usted ha puesto en la marca y no habrá ningún recurso legal para usted.

En primer lugar, usted querrá asegurarse de que el nombre y el logotipo que está utilizando no están ya registrados. Una vez que hayas superado ese obstáculo, el siguiente paso es ir a **www.upsto.gov** e inscribir tu marca.

Este proceso tomará alrededor de una hora y media, pero se puede hacer sin un abogado, lo que ahorrará toneladas de dinero. Además, si desea ver si la marca que desea registrar ya está en uso, puede hacer clic **aquí**. El sitio web es fácil de hojear y una simple búsqueda con palabras clave le dará una respuesta relativamente rápida.

Puede parecer que se dedica mucho tiempo y energía a esta parte en particular del proceso de la FBA, y tiene razón. Sin embargo, si se considera el esfuerzo que se pone en la creación de su marca y en la preparación para su lanzamiento, tomar los pasos adicionales para protegerla tiene mucho sentido. Si su marca no está registrada y se vuelve increíblemente popular, alguien podría aprovecharse de ello y empezar a vender productos similares con su marca, capitalizando su obra maestra. No cometa el error de dejar este paso al margen. Registre el nombre y el logotipo de su empresa para que no puedan ser duplicados.

Al registrar su marca, también deberá considerar la compra de un dominio. Este paso puede no ser fiscalmente responsable de usted en este punto del proceso de la FBA, pero es algo a tener en cuenta a lo largo y para el futuro. Honestamente, si ya ha registrado su marca, puede llegar a comprar su dominio para tenerlo disponible cuando esté listo para usarlo.

Al crear el logo de su marca, considere si tiene o no la habilidad artística para diseñar gráficamente el logo por su cuenta, o si necesitará subcontratar este paso.

Los artistas de diseño gráfico pueden ser costosos, pero si quieres un logo asombroso, debes saber que no será barato. Sin embargo, muchos artistas gráficos trabajarán para el comercio, así que si tienes algo que ofrecer hasta el trueque, es una gran manera de ahorrar una tonelada de dinero. Por último, si tienes la suerte de conocer a un artista gráfico que se alegra de ayudar de forma gratuita, más poder para ti.

Una última cosa a tener en cuenta durante el proceso de creación de la marca es el uso de temas y/o eslóganes. Además del logotipo en sí, considere con qué palabra o frases le gustaría asociar su marca. Algo pegadizo y memorable es siempre una buena idea. Por ejemplo, el lema de McDonald's es "Me encanta". Es una frase sencilla, pero que cualquiera reconocería si se mencionara en una conversación. En última instancia, querrás asegurarte de que todo se arregle bien. Desde el logo en sí hasta el tagline y el dominio, si decides comprarlo, las palabras y las fotos tienen que encajar para que tengan sentido.

Etiquetas de productos de marca, anuncios, escaparates y otras plataformas de medios de comunicación

Para realmente hacer entender lo importante que es tener una marca reconocible, piense en un momento en que usted estaba buscando un producto, no podía recordar el nombre, pero recordaba una imagen o un logotipo. Esto sucede con bastante frecuencia y si quiere que sus clientes recuerden sus productos, asegúrese de que la marca esté en todas partes, en todo, incluyendo las etiquetas de los productos. Cuando los clientes se desplazan por la mercancía, usted quiere que la etiqueta de su producto se destaque para que el cliente se detenga, haga clic en la imagen y lea sobre su producto. Si la descripción está escrita de manera clara, concisa y hasta divertida, es más probable que los compradores añadan su mercancía a su carrito.

Hay muchos servicios que ofrecen marcas de etiquetas a precios decentes. Este paso va a requerir un poco más de investigación. Sin embargo, hay toneladas de etiquetadoras que están dispuestas a enviar muestras y a proporcionar cotizaciones sin cargo, lo que permite encontrar la etiqueta correcta y el precio adecuado.

Para mostrar la importancia del etiquetado y la marca del producto, hay que tener en cuenta que alrededor del 60% de los consumidores compran sus productos basándose en la etiqueta y la marca del producto. Hacer que la etiqueta sea visualmente atractiva ayudará a atraer a los compradores a su tienda virtual, como las polillas a una llama.

En lo que respecta a los anuncios, no siempre es ideal utilizar plataformas gratuitas como Instagram y Facebook. Esos son excelentes lugares para empezar y si tienes un grupo leal de conocidos dispuestos a compartir los puestos, realmente puede ayudar a impulsar las ventas. Sin embargo, hay otras vías para anunciarse. Hay compañías que ayudan a traer clientes a su tienda virtual, y algunas ofrecen pruebas gratuitas. Si al final de la prueba gratuita se da cuenta de que no vale la pena mantener el servicio, abandónelo. También puede ser que se dé cuenta de que condujo tanto tráfico a su sitio en FBA que no está perdiendo dinero por mantenerlo. De cualquier manera, cuando se trata de pruebas gratuitas, no se pierde nada por darle una vuelta.

A continuación, hablemos del Amazon Storefront, también conocido como el Amazon Webstore. Hay varios temas y diseños para elegir. Tal vez considere la posibilidad de seleccionar colores y temas que acentúen su marca. Una vez que haya configurado su tienda virtual, realizar los cambios y el proceso de diseño general es sencillo. Sólo tiene que seguir las instrucciones del portal web de su vendedor. Aconsejamos no exagerar. Aunque divertirse con las opciones está bien, recuerde lo que dijimos antes sobre ser único sin parecer demasiado ocupado. Esa mirada es poco atractiva y confusa, lo que podría alejar a los clientes potenciales. Además, si el logo tiene demasiadas cosas, no será tan fácil de recordar.

Hemos mencionado los medios de comunicación social una o dos veces, a saber, Facebook e Instagram. Dicho esto, puede que no sepas que hay *cientos* de plataformas de medios sociales en todo el mundo y que utilizar las diez primeras podría ayudar a aumentar las ventas. A continuación, encontrará una lista de los sitios más utilizados, junto con el número de usuarios, para que pueda consultarlos.

- YouTube - 1.900 millones de usuarios
- Tumblr - 640 millones de usuarios
- WhatsApp - 1.500 millones de usuarios
- Messenger - 1,3 mil millones de usuarios
- Tik Tok - 500 millones de usuarios
- Twitter - 330 millones de usuarios
- Reddit - 330 millones de usuarios

- LinkedIn - 290 millones de usuarios
- Snapchat - 250 millones de usuarios
- Pinterest - 250 millones de usuarios

Lo que es particularmente bueno de todas estas plataformas es que son de uso libre. YouTube y Messenger tienen más de *mil millones de* usuarios. Son muchos los ojos que podrían estar en su producto si se le pone la marca y la publicidad adecuadas.

Capítulo 7: El lanzamiento del producto

"El guerrero exitoso es el hombre promedio, con un enfoque similar al láser".

-- Bruce Lee

Como ha hecho con todo hasta ahora, la investigación es una parte integral del lanzamiento del producto. De igual manera, el hecho de explicar cómo quiere que se realice el lanzamiento será de gran ayuda.

Realmente no es tan tedioso como parece. Un esquema rápido y con punta de bala de unos diez artículos no llevará mucho tiempo.

Puede ser tan simple como describir el día que quieres lanzar, los horarios, los posts que tengas en mente para los medios sociales, los oradores invitados, si los tienes, y cualquier otro detalle que consideres necesario.

Un consejo de investigación para el lanzamiento oficial es comprobar el tráfico en los sitios. Estas son las estadísticas que están disponibles en cualquier motor de búsqueda. ¿Qué días y horas son la mayoría de las personas que compran en línea o incluso navegan? Aproveche eso específicamente para el lanzamiento y en cualquier momento que pueda estar tratando de ejecutar una promoción especial. La presencia en línea dice mucho sobre un vendedor. Si usted está disponible para los clientes y se presenta, ellos reciben una buena vibración y podrían verle como un vendedor más digno de confianza. El grado de entusiasmo que usted tenga con respecto a un producto se correlacionará directamente con el grado de satisfacción de los compradores. Es fácil motivarlos cuando uno se queda atrás y cree en lo que está vendiendo.

Asegúrese de estar disponible para responder a cualquier pregunta que la gente tenga sobre su producto durante el lanzamiento. Ser capaz de explicar todo, desde los ingredientes del producto hasta la vida útil y todo lo demás. Una vez más, el conocimiento y la pasión por el producto hacen que los consumidores confíen en que lo que usted vende será un bien de alta calidad y digno de dinero.

Hasta este momento, ha dedicado mucho tiempo y energía, y ha pasado horas investigando todo, desde su producto hasta el logotipo y los eslóganes. Cuando se trata de listar y lanzar el producto, no hay que ser perezoso. Continúe yendo con fuerza para que su mercancía y su listado se destaquen por encima del resto.

Hay algunos pasos para crear un listado de productos, algunos de los cuales cubriremos con más detalle en el próximo capítulo. Primero, escriba todo lo que sabe y le gusta del producto que está listando. Una vez que tenga los detalles, cree una lista fantástica que llame la atención del consumidor. De la misma manera, usted querrá asegurarse de que la descripción del producto esté redactada de manera comprensible, pero lo suficiente como para que el consumidor se detenga a mirar el producto. Por ejemplo, si usted está vendiendo bolsos, usted no quiere simplemente usar la palabra bolso. Es demasiado amplio. Piensa en un bolso de cuero o en un bolso de colores. Sólo asegúrese de que la descripción sea suficiente para que los consumidores lleguen a su tienda sin excederse.

Durante la fase en la que está escribiendo la descripción del producto, piense en el tipo de consumidor al que está atrayendo. ¿Quién es su consumidor ideal? ¿Cuál es su demografía? ¿Qué intereses o aficiones tienen? Al ajustar la descripción de su producto, saber qué tipo de consumidor está tratando de identificar le ayudará a hacerlo realmente brillante. También se siente más agradable para los consumidores de esa manera.

Si se encuentra atascado, puede ser útil ver cómo otros vendedores están definiendo su producto. Esto es especialmente útil porque podrá ver qué tipo de descripciones hay que evitar y posiblemente cómo no escribir una horrible descripción del producto. Visite otros sitios fuera de Amazon para tener una buena idea de qué tipo de palabras son las más adecuadas para el producto. Además, no tenga miedo de usar el tesauro para encontrar más palabras descriptivas para sus bienes. Usted pone mucho esfuerzo en elegirlos y debería poner el mismo esfuerzo en describirlos para sus consumidores.

Cuando piense en destacar las mejores características de su producto, utilice verbos que sean activos en lugar de pasivos. Evita usar frases como, *será* u otros términos genéricos como *realmente genial*. Usted sabe que sus productos son increíbles, así que asegúrese de describirlos con palabras igualmente sorprendentes.

Aunque queremos llamar la atención del cliente potencial, queremos evitar el uso de descripciones demasiado floridas. Hazlo corto, dulce y al punto sin sonar aburrido.

Por último, incluya siempre toda la información relevante. Color, tamaño, peso, instrucciones de montaje (si es necesario) y dimensiones. Cualquier cosa que puedas hacer para darte una ventaja competitiva podría ayudarte a sobresalir por encima de la competencia. Como mencionamos anteriormente, no escatime en esta fase de su viaje a la FBA. Has llegado hasta aquí. Ponga tanto esfuerzo en la descripción como en encontrar el producto adecuado.

Publicidad estratégica, promociones y marketing

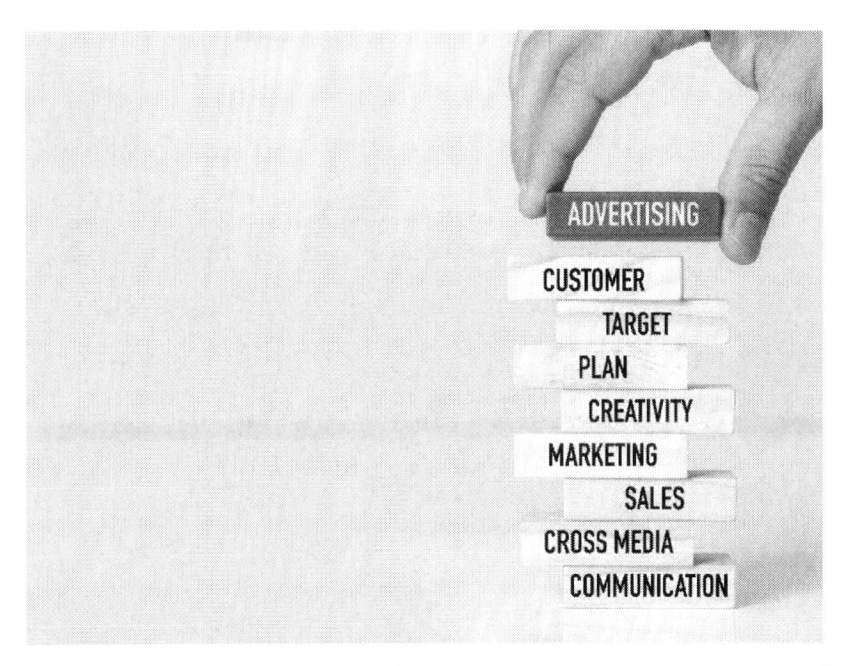

Curiosamente, una forma de ser estratégico en su marketing y publicidad es revisar a sus competidores.

Seguir la experiencia de sus clientes de principio a fin puede ayudarle a construir una plataforma inteligente de publicidad y marketing. Obviamente, no querrías imitar a un competidor.

Eso es de mal gusto y es una fórmula para el fracaso. Sin embargo, saber qué es lo que hay que evitar desde el punto de vista del cliente puede ser útil.

Por ejemplo, algunos sitios son difíciles de recorrer.

Hacer clic en un enlace no le lleva a donde usted pensaba y, como consumidor, termina frustrándose y abandonando el sitio sin hacer una compra.

Evitar algunos de los mismos escollos en los que han caído los competidores le dará la ventaja.

Ofrecer grandes ofertas en el lanzamiento traerá más tráfico a su tienda virtual. Ya sea a través de códigos de cupones o incluso de concursos y regalos, encontrará que el interés de los consumidores es mucho mayor cuando hay descuentos y premios involucrados.

Para llevar esto un paso más allá, considere la posibilidad de una página de aterrizaje donde los consumidores ingresen su dirección de correo electrónico como parte del proceso de sorteo.

Hacer que lo hagan es útil por dos razones. En primer lugar, es una forma sencilla de compilar una lista de suscriptores de correo electrónico para enviar notificaciones cada vez que haya un producto nuevo o mejorado. Estadísticamente hablando, los vendedores pueden esperar por lo menos una venta siempre y cuando la lista de correo electrónico sea lo suficientemente larga. En segundo lugar, existen programas gratuitos en los que se pueden introducir nombres para los dibujos aleatorios. Introduce los nombres de los correos electrónicos en el programa y obtén tu ganador desde allí.

Es mucho más fácil que intentar gestionar una lista interactuando con los consumidores a nivel individual durante el lanzamiento.

Aunque sería increíble si pudiera hacerlo, también es una tarea que consume mucho tiempo y es difícil de mantener.

No querrás molestar a un cliente potencial porque no respondiste a tiempo mientras intentabas chatear con docenas de otros clientes potenciales.

Construir una lista de correo electrónico significa que usted tendrá que configurar un servicio de correo electrónico automatizado para enviar esos correos electrónicos una vez a la semana o una vez al mes, lo que usted decida. Tenga en cuenta que abrumar a su base de clientes también puede desactivarlos. Sugerimos que se realicen cada dos semanas o cada mes, dependiendo de lo que ofrezca. Mantenga esos correos electrónicos cortos, dulces y al grano con un enlace en el que se pueda hacer clic para que los consumidores lleguen fácilmente a cualquier trato que haya preparado para el período.

Aunque ofrecer ofertas y cupones es una gran idea, esta es un área que usted querrá evitar el uso excesivo también. Si los clientes ven constantemente cupones o ventas, pueden empezar a cuestionar la calidad de sus mercancías.

Antes de continuar, diremos una última cosa sobre los correos electrónicos y la configuración de las suscripciones. Si decide utilizar un servicio como éste, lo cual es absolutamente necesario, asegúrese de prestarle algo de atención de vez en cuando. No deje que se vuelva inactivo o tan poco frecuente que los clientes se olviden de su producto y eliminen automáticamente sus correos electrónicos sin leerlos.

Además, haga que la línea de asunto diga algo sobre su producto para que se active su memoria y les incite a echar un vistazo a lo que usted tiene que ofrecer. Al aprovechar los servicios de suscripción de correo electrónico, la clave es encontrar el equilibrio adecuado entre lo que es demasiado poco y lo que es demasiado.

Durante el lanzamiento y después, usted querrá continuar con sus estrategias de marketing.

El sitio de Amazon tiene mucho que ofrecer en la forma de promoción y comercialización continua de su tienda virtual, así como su producto. Exagerar con las promociones y los cupones puede hacer que usted pierda dinero, pero utilizarlos de manera intermitente es una gran manera de mantener a los clientes interesados y ganar nuevos negocios.

Mantenerse relevante y competitivo en Amazon puede ser difícil y usted podría perder ventas si lo deja pasar. FBA tiene una herramienta llamada Pay Per Click (PPC). Tanto para el vendedor como para Amazon, es técnicamente una venta doble. El PPC es el proceso en el que los vendedores solicitan palabras clave que, en última instancia, posicionan sus productos en las primeras líneas de los consumidores. Esos clics ganan dinero para Amazon.

Cuando los productos se muestran en el banner que aparece en la parte superior de la página utilizando el concepto de PPC y los compradores los compran, eso resulta en otra 'venta' tanto para el vendedor como para Amazon.

Desglosando esto aún más, el vendedor que obtuvo la posición más alta usando PPC hizo una venta basada en lo que teóricamente sería la mejor correspondencia para el consumidor que hizo la compra. Esto es una victoria para el comerciante porque esa compra les ha hecho ascender en las filas del Amazonas. Su rango es directamente proporcional a la cantidad de dinero que puede ganar. Cuanto más alto sea el rango, más tráfico potencial a su tienda virtual.

Esto también es una victoria para Amazon porque ellos obtienen una porción de la venta y más tráfico a su mega sitio.

Crecimiento de las ventas a través de una fuerte presencia en línea

Si hay algo que no podemos decir lo suficiente, es que la presencia en línea es importante. La cantidad de tiempo que pase en línea respondiendo a los clientes y comprometiéndolos determina cuánto dinero ganará. Si un cliente envía una pregunta y tarda más de veinticuatro horas en obtener una respuesta, es probable que ya haya encontrado su producto a través de otro comerciante y lo haya comprado, probablemente porque ese comerciante le respondió oportunamente. No se puede esperar que su producto se mueva si no pasan tiempo en el sitio asegurándose de que las cosas van bien. La FBA no es un plan para hacerse rico rápidamente y, como la mayoría de las pequeñas empresas, requiere un esfuerzo para ponerlo en marcha y mantenerlo en funcionamiento.

El uso de los correos electrónicos automatizados para atraer a los clientes es una gran manera de mantener su presencia en línea.

Cada vez que un cliente hace una compra, utilice el sistema de correo electrónico para enviar una respuesta general. Puede decir algo simple como, 'Gracias por su compra'. Si tiene preguntas o inquietudes, puede comunicarse conmigo en...' Proporcione la información de contacto y asegúrese de que está respondiendo de manera oportuna.

Además de atraer a los clientes por correo electrónico, envíe un enlace para que regresen a su sitio y proporcionen una revisión. Para obtener críticas a veces se necesita algo más. Si desea una buena revisión de su producto, y sabe que el cliente quedó satisfecho con su compra, quizás pueda ofrecer un descuento la próxima vez que compre a cambio de una revisión. También puede considerar regalar algo gratis con su próxima compra. Cuantas más reseñas tenga, más tendrán que seguir los futuros consumidores a la hora de decidir dónde hacer su próxima compra. Las páginas con pocas o ninguna reseña tienden a ser omitidas porque los consumidores quieren saber que están haciendo una buena compra.

Aunque pueda sonar contrario a la intuición, el número de reseñas que tiene en su sitio puede llamar la atención de Amazon. Hay algunos vendedores nefastos que emplean tácticas en las que parece que tienen varios cientos de críticas estelares sobre su producto cuando en realidad, son personas a las que el vendedor pagó para que dejaran esas críticas falsas, o amigos del vendedor que escriben críticas para hacer que su producto parezca abrumadoramente sorprendente.

En la línea de la presencia en línea, debemos dirigirnos a los consumidores insatisfechos. Son clientes como todo el mundo y si encuentran que el producto que han comprado no es de su agrado, pueden devolverlo. Peor aún, podrían escribir una crítica negativa. Cuando se escribe una declaración poco atractiva sobre su producto, es crucial responder inmediatamente a las preocupaciones sobre la mercancía. Es mucho más probable que la gente cuente a la gente una experiencia negativa que una positiva. Cuando hay una revisión negativa en su sitio, los consumidores que ven una resolución oportuna y profesional al asunto seguirán considerando hacer una compra. Sin embargo, ninguna respuesta o un ir y venir igualmente negativo con el cliente descontento hará que los consumidores se alejen.

En algún momento, también podría considerar la posibilidad de crear un sitio web y/o un blog. Esta es una gran manera de anunciarse, pero tenga en cuenta que requiere mucho esfuerzo para mantenerse al día y puede que no sea algo que deba hacer al comenzar el proceso de FBA. Si ya tiene un sitio web o un blog, o ambos, emplee buenas habilidades de administración del tiempo para que pueda mantenerse al día con su incipiente negocio de la FBA mientras atrae a las masas en su sitio web o blog.

Eventualmente, puede que descubras que la tasa de retorno del tiempo que pasas administrando el blog y el sitio web no vale lo que estás haciendo, si es que lo haces. En ese caso, considere poner ese aspecto de su negocio en espera hasta que haya crecido hasta un punto en el que pueda contratar a alguien para que se encargue de eso por usted. Muchos de los vendedores de FBA que tienen mucho éxito llegan a un punto en el que ya no tienen que ocuparse del aspecto de los medios sociales de su negocio, y ese es un lugar fantástico en el que estar.

Finalmente, una buena herramienta de marketing es el uso de cupones u ofertas especiales. Ya hemos hablado de esto brevemente, pero es bueno profundizar un poco más. Digamos que usted tiene un producto que ha estado en los estantes durante casi seis meses y quiere evitar los gastos de almacenamiento prolongado en el centro de cumplimiento de Amazon. ¿Qué mejor manera de mover esos bienes que ofrecer un trato estelar? Hay herramientas dentro del sitio web de Amazon para ayudarle a hacer esto. Además, si usted ha establecido cualquier tipo de medios de comunicación social, la venta sería un gran puesto en todos los sitios. Si te has hecho amigo de personas influyentes, asegúrate de enviarles algún producto extra para que vuelvan a mencionar tus productos a sus seguidores.

Publicidad pagada: ¿Vale la pena?

La respuesta simple a esa pregunta es: ¡sí! Si nunca has oído la frase, 'tienes que gastar dinero para ganar dinero', bueno, ahora sí, y es una afirmación verdadera. Tanto si se trata de un escaparate tradicional como si se utiliza FBA, siempre vale la pena pagar por la publicidad. En conjunto con las plataformas de medios sociales gratuitos que discutimos, el costo de pagar por algunos anuncios no debería quebrar el banco.

El PPC es una gran herramienta para usar, y es relativamente barato. También hay sitios externos como Jungle Scout y Taboola que pueden dirigir el tráfico a su sitio. Algunos de los anunciantes también ofrecen pruebas gratuitas o planes que no cuestan mucho mensualmente. Como con todo lo demás que hemos discutido, usted querrá hacer una investigación a fondo para asegurarse de que está recibiendo el máximo rendimiento de su dinero.

Amazon tiene un montón de grandes herramientas para la publicidad, incluyendo campañas y búsquedas de palabras clave. Usted querrá asegurarse de que su comprensión de las búsquedas y campañas están en línea con la forma en que Amazon las utiliza.

Cuando utilice la publicidad de pago, tenga un poco de paciencia. Los resultados inmediatos son raros, en cualquier caso, pero esperarlos justo después de una campaña publicitaria sólo servirá como una decepción. Dele una semana a los anuncios para que se ejecuten y compare sus ventas del mes anterior al mismo tiempo. Si no ha tenido su sitio en funcionamiento durante tanto tiempo, consulte la semana anterior. Y, si usted es realmente nuevo, pero está trabajando agresivamente hacia esas metas suyas, deje que los anuncios se publiquen y ajústelos cada dos semanas más o menos para ver lo que funciona y lo que no. Muchas veces, llevar un negocio es una situación de prueba de fuego. Quiere darle tiempo a las cosas, pero no tanto como para que termines perdiendo dinero tanto en publicidad como en ventas. El seguimiento de cada detalle de la publicidad, desde las tendencias hasta los errores, le ayudará a construir la estrategia publicitaria perfecta.

Una herramienta gratuita que hemos mencionado anteriormente son las plataformas de medios sociales. Es probable que ya tengas una cuenta en Facebook, Twitter e Instagram. En primer lugar, usted querrá asegurarse de que se centra únicamente en una plataforma a la vez para construir su presencia en línea en esa plataforma y evitar pasar horas y horas publicando en cada una de ellas.

Una vez que haya establecido una presencia en línea en cada área, comience a buscar personas influyentes en los medios sociales. Esas son personas que tienen miles de seguidores. A veces revisarán su producto en sus perfiles, lo cual es una gran manera, en su mayoría gratuita, de obtener publicidad. Lo que queremos decir con *mayormente gratis* es que para que la persona influyente revise su producto, usted tendría que enviárselo gratis. En el gran esquema de la comercialización, es una forma relativamente barata de poner su producto frente a miles de consumidores potencialmente nuevos. Incluso si sólo consigues una venta o dos de la crítica de la persona influyente en los medios sociales, sigue entrando dinero. Además, si al nuevo consumidor le gusta el producto, puede hacer que sus amigos y familiares se interesen por él, con lo que se consiguen más clientes.

Otra forma de utilizar a los influenciadores de los medios sociales para su ventaja es a través del vlogging o el podcasting. Una vez más, entrar en varias plataformas diferentes de inmediato será estresante. Sin embargo, cuando finalmente empiece a utilizar este tipo de medios, querrá utilizar la misma técnica con el podcasting que utilizó con Facebook o Instagram. Encuentre canales con los que pueda relacionarse y sígalos. A cambio de una reseña en su vlog o podcast, envíeles una muestra de su producto.

Al realizar un podcasting, deberá asegurarse de racionalizar el contenido. Concéntrese en su producto y destaque lo mejor de él. Echa un vistazo a los vlogs de tus competidores para ver lo que dicen. No querrás plagiar su contenido, sino que buscas formas de expresar a los espectadores por qué tu producto es superior. ¿Qué tiene de diferente? ¿Por qué estarían más contentos con sus bienes que su competidor? Estas son grandes preguntas para hacerse a uno mismo, y luego responderlas después de investigar la competencia.

También puede considerar la posibilidad de vincularse con otros vendedores a cambio de que éstos proporcionen enlaces a su contenido. Es una forma rápida, fácil y, lo más importante, gratuita de conseguir un seguimiento y, en el proceso, clientes potenciales.

Cuando se trata del tipo de contenido que usted está publicando, usted querrá hacer dos cosas. Asegúrese de publicar regularmente y no se exceda en su discurso de venta. Al publicar regularmente, queremos hacerlo con un propósito. No lo publique varias veces al día, ni siquiera varias veces por semana. Un par de veces a la semana será suficiente para mantener a su audiencia comprometida y para que su nombre salga a la luz, pero no será tanto como para que la gente silencie o deje de seguir su canal. Lo que queremos decir al ir por la borda con el discurso de ventas es que, si usted suena demasiado como un vendedor de autos usados, zumbando en y sobre cuán superior es su producto y por qué la gente debería comprarlo, eso podría apagar a los consumidores también. Cuando describa sus mercancías, deberá usar el tacto.

Capítulo 8: Monitoreo de negocios de la FBA

"No hay secretos para el éxito. Es el resultado de la preparación, el trabajo duro y el aprendizaje del fracaso".

-- Colin Powell

Aunque utilizar FBA es probablemente una forma más fácil de ganar dinero que iniciar un negocio en una tienda, eso no significa que todo lo que tiene que hacer es publicar el producto en línea y dejar que se venda por sí mismo. Hay muchas cosas que entran en la puesta en marcha de FBA y después de que esté en funcionamiento, el seguimiento del negocio determinará su nivel de éxito.

Uno de los factores clave que debe recordar es que a medida que su negocio de FBA crece y usted agrega más artículos para la venta, es más fácil perder la pista.

Encuentre una manera de controlar su stock que funcione mejor para usted para no perder ventas.

Alternativamente, usted querrá llevar un registro de su stock para que no se quede en los estantes del Amazonas tanto tiempo que incurra en las tasas adicionales.

A continuación, usted verá una lista de las cosas más importantes a monitorear para su negocio de FBA.

- El resultado final: Cualquier dinero ganado o utilizado para su negocio necesita su propio libro de contabilidad. No sólo lo necesitará para fines de impuestos al final del año, sino que querrá vigilar de cerca el dinero que entra y sale. Amazon tiene una gran herramienta, que es el Informe de Pagos de Amazon. Resume los beneficios del mes, pero también tiene la opción de un desglose más profundo, lo cual es útil cuando se intenta determinar si se debe aumentar el stock o no.
- Costos y honorarios: Al utilizar FBA, el mayor gasto en el que usted va a incurrir es el de las tarifas que Amazon cobra por sus servicios. Olvidarse de controlarlos podría resultar en enormes e inesperadas pérdidas. Independientemente del número de productos que venda, o de su tamaño, el seguimiento de las cuotas le ayudará a determinar si el producto que ha elegido vender está ganando o perdiendo dinero. Siempre controle sus honorarios y otros cargos.
- Rango de la Amazonia: Hemos tocado este tema brevemente, y entraremos en más detalles más adelante en este capítulo. Para esta lista, es importante recordar

que el rango determina su posición como vendedor. Cuanto más alto sea el rango, más tráfico a su sitio.

- Rango de defecto: Los defectos no sólo significan que el producto se ha roto. También se refiere a la retroalimentación que los clientes proporcionan a su tienda FBA. Si esta tasa supera el 1%, Amazon podría optar por suspender sus privilegios de vendedor en su sitio. Este punto se remonta a tener una fuerte presencia en línea. Resolver los problemas de los clientes tan pronto como surjan le mantendrá en buena posición con Amazon, así como a sus clientes. Es una situación en la que todos los involucrados ganan.

- Porcentajes de pedido: Esto se refiere al número de pedidos que se envían a los clientes con cero salidas. Obviamente, como vendedor en FBA, usted no tiene control sobre la forma en que el producto es empacado y enviado. Sin embargo, puede controlar las descripciones de los productos y mantener un nivel de stock moderado. Cada vez que se produce una ruptura de stock, eso cuenta en los porcentajes de su pedido con Amazon. Esto no sólo afecta a sus porcentajes de Amazon, si usted está constantemente fuera de stock, los consumidores dejarán de venir a su tienda virtual y encontrarán otro minorista que tenga los artículos que necesitan constantemente disponibles para ellos.

- Los barcos que llegan tarde: Aquí es donde ser un vendedor FBA es útil. Si algo no se envía en la fecha prevista, Amazon absorbe esos cargos y si hay una queja del cliente por el retraso del envío, no cuenta en su contra. Es algo que querrás vigilar. Si bien es poco probable que ocurra regularmente, si lo hace, consulte con Amazon para ver cómo resolver el problema.
- Cancelación antes del cumplimiento: Esta es otra cuestión de acciones. Si un cliente hace un pedido de productos porque cree que están en stock, pero usted no ha hecho un seguimiento de su inventario y está fuera, Amazon puede tomar medidas correctivas. Sus cálculos son el número de órdenes canceladas dividido por el número de órdenes cumplidas. Si tus porcentajes son muy altos, podrías ser suspendido.
- Tasa de quejas de los clientes: Una vez más, aquí es donde su presencia en línea juega un papel importante. Cada vez que un cliente se queja de un producto y usted lo responde, Amazon envía inmediatamente una encuesta preguntando si está satisfecho con la respuesta/resultado de la queja. Si dicen que no, eso es lo que cuenta en contra de su tasa de satisfacción. Existen medidas para mantener estos porcentajes más bajos. Por ejemplo, si la política de Amazon sobre un determinado producto es que no puede ser devuelto y esto molesta al cliente, incitándole a seleccionar no, eso

no cuenta en su contra. Asegúrese de que siempre está respondiendo a las quejas de los clientes. No es la mejor parte de FBA porque si alguna vez has trabajado con clientes, sabes que hay algunos que nunca están satisfechos, sin embargo, para mantenerlos contentos, lo mejor es responder y resolver lo más rápido posible.

- Validación del seguimiento de las tasas: Esta categoría recae en Amazon, pero es bueno seguirle la pista. Disparan con una precisión del 95% en el etiquetado y el seguimiento.
- Tasa de reclamaciones en las devoluciones: Siempre y cuando usted esté usando FBA y no sólo la plataforma de ventas estándar de Amazon, cualquier problema con las devoluciones también está bajo su paraguas. Sin embargo, si tiene que ver con mercancías defectuosas vendidas por usted, eso caería en su porcentaje, y es algo a lo que usted quiere prestar mucha atención.

Seguimiento del crecimiento y por qué es relevante

Hemos discutido la necesidad de llevar un seguimiento de cosas como las finanzas y la cantidad de existencias que entran y salen de los centros de cumplimiento. Otra cosa importante que hay que tener en cuenta es su crecimiento general. Hay varias aplicaciones gratuitas que puedes descargar en tu teléfono o tableta para seguir tu crecimiento, lo cual es una gran noticia. Hay otras formas de llevar el control a través de hojas de cálculo de Excel o incluso diarios de papel. Me quedaría con las aplicaciones o sobresaldría porque son más limpias y fáciles de manejar. Además, son más fáciles de seguir. Es mucho más difícil perder el ordenador portátil o incluso el de sobremesa que un diario en papel, que puede dejarse casi en cualquier sitio. Es mucho menos probable que deje su portátil en una cafetería o en el metro que un portátil.

Si no estás manejando tu crecimiento, podrías quedarte atascado en un ciclo de apenas entrar en el negro cada mes. Para tener éxito con FBA, es clave seguir el crecimiento y establecer objetivos para el aumento de las ventas.

Hay un acrónimo en la industria de las ventas que es S.M.A.R.T. que significa Específico, Medible, Alcanzable, Razonable y de Tiempo Limitado. Las metas que se fije en la FBA deben ser SMART. Establecer un objetivo no debería ser algo que lo abarque todo. De hecho, establecer varios objetivos más pequeños es una gran manera de empezar. Una meta específica podría ser querer vender sesenta unidades en un mes, lo cual cubre cada una de las categorías bajo el acrónimo SMART.

Una vez que haya establecido un objetivo SMART, puede considerar la posibilidad de atraer nuevos clientes. No tiene que limitar las promociones a su fecha de lanzamiento. Tal vez considere una promoción basada en el objetivo que usted estableció y que traerá a los consumidores a su página de la FBA. Un descuento decente o la oportunidad de ganar un premio tiende a atraer a las multitudes. También atrae nuevos clientes al sitio, y la búsqueda constante de maneras de hacer que nuevas personas se interesen ayudará a aumentar las ventas.

Continuando el crecimiento de su negocio FBA

Con el negocio en marcha, no hay necesidad de ser complacientes. Después de todo, ¿cómo va a llegar a seis cifras si está satisfecho con el status quo? Los siguientes consejos y trucos que le vamos a proporcionar le ayudarán a continuar creciendo su negocio tan grande como pueda imaginar.

- Después de que los primeros productos que ha lanzado sean exitosos, amplíe su gama de productos. Al principio, es mejor quedarse con los productos que complementan lo que ya tienes, o mejorarlo de alguna otra manera.
- Consiga mejores clasificaciones de best-sellers (BSR) continuando su esfuerzo por la grandeza. Llegue a sus clientes después de que hayan hecho una compra, responda siempre a las críticas, ya sean buenas o malas, e incluso podría llegar a enviar cupones junto con un correo electrónico de Feliz Cumpleaños a través de sus listas de correo electrónico automatizadas. Esto agrega ese toque personal que los consumidores recordarán y hablarán con sus amigos, dándole así el potencial de más ventas. Cualquier cosa que pueda hacer para alegrar el día de un consumidor y darle una razón para volver a su sitio para comprar, será de gran ayuda en términos de satisfacción del cliente.

- Asegúrese de que su marca sea fácilmente reconocible sólo por la vista o la frase. Continúe construyendo su marca y póngala delante de más personas para que se convierta en un nombre familiar.
- Intenta ganar comisiones aliándote con el Programa de Afiliados de Amazon. Está configurado como tal para que pueda recibir comisiones por recomendar productos, lo que a su vez podría significar más clientes para su producto también.
- Por último, sé apasionado por lo que estás haciendo. De principio a fin, usted debe comer, respirar y dormir todo FBA. Si no le apasiona esta empresa, se mostrará en todo, desde la forma en que presenta el producto hasta su comercialización. Créalo o no, los consumidores pueden ver este tipo de cosas y aunque probablemente esté en un nivel subconsciente, sigue ahí y puede alejarlos de su sitio y costarle una venta.

Descifrando los números - Estadísticas de la FBA

Entre el seguimiento del crecimiento de sus ventas, el mantenimiento de un recuento exacto del inventario y el recuerdo de las fechas y las cuotas, hay muchos números que deben ser tenidos en cuenta. Estadísticamente hablando, los números que estamos a punto de discutir muestran lo lucrativo que puede ser vender en Amazon.

Hay más de doscientos mil vendedores en el Amazonas. De ellos, un poco menos de la mitad ganan más de 100.000 por año. Mucha gente ha encontrado la libertad financiera usando FBA y mientras usted esté dispuesto a trabajar, usted también puede hacerlo.

Nueve de cada diez consumidores comprobarán el precio en Amazon antes de hacer su compra. Esa estadística por sí sola es enorme. Si usted tiene un gran producto y lo vende por menos de lo que cuestan las grandes tiendas, hay una buena posibilidad de que la gente vaya a su tienda virtual de FBA para comprar su mercancía. Los consumidores no sólo buscarán una mejor oferta, sino que también comprobarán las reseñas y descripciones de los productos, de las que hemos tratado la importancia anteriormente en este libro.

Capítulo 9: Consejos y trucos para el éxito

"El éxito parece estar conectado con la acción. La gente exitosa sigue moviéndose. Cometen errores, pero no renuncian".

-- Conrad Hilton

Para realizar y perfeccionar su ventaja competitiva utilizando FBA, usted querrá asegurarse de que los bienes que desea vender se compran utilizando la lógica y el pensamiento. Las compras por impulso casi siempre se lamentan y si usted está comprando al por mayor para vender en Amazon, ciertamente no querrá lamentar una compra tan grande.

Una de las mejores maneras de evitar cometer este error es revisar los rankings de los otros vendedores en Amazon. Para aquellos cuya clasificación es alta, puede ver qué artículos se están vendiendo bien y cómo esos vendedores de mayor rango están comprometiendo a sus clientes.

Cuando se mira a los vendedores de rango inferior, es una gran oportunidad para ver lo que están haciendo mal. Más que eso, usted puede ver qué mejoras se pueden hacer en los bienes que están vendiendo, lo que podría abrirle un mundo completamente nuevo.

También podría establecerlo a usted como el vendedor superior en esa área.

Al mirar el producto, si parece ser un buen vendedor, pero el comerciante no está usando FBA, eso podría ser otro bien para capitalizar. Sólo asegúrese de investigar el producto. Puede haber una razón por la cual el vendedor no está usando FBA. Puede ser que el producto sea uno de los pocos no permitidos cuando se utiliza la plataforma FBA, en cuyo caso no le interesaría.

Satisfacción del cliente

Este tema merece su propio título por varias razones.

Lo más importante es que, sin consumidores que compren productos, no tendríamos negocio. Asegurarse de que están satisfechos con cada paso del proceso, desde la compra hasta el momento en que lo tienen en sus manos, es crucial para el éxito. Habrá unos pocos que siempre tendrán algo de qué quejarse, ya sea por el tiempo que tardó el producto en llegar o porque no era del color exacto que vieron en línea; algunas personas nunca están satisfechas. Desafortunadamente, cuando se trata de consumidores, es algo con lo que tenemos que aprender a trabajar.

Algo bueno para recordar es no tomar sus duras palabras o su insatisfacción a pecho.

No está dirigido a usted, personalmente. Están descontentos en general y no hay nada que puedas hacer para cambiar eso. Lo mejor que puede hacer como vendedor es responder a sus preguntas, responder a sus preocupaciones, responder siempre a las críticas, especialmente las negativas, y esperar lo mejor.

Mientras otros clientes vean que usted ha hecho todo lo posible para arreglar la situación, esto no debería afectar a sus ventas o crecimiento general.

Otra forma de asegurar la satisfacción del cliente es hacer un seguimiento de cada compra con una breve encuesta. Hay muchos sitios que ofrecen encuestas gratis. SurveyMonkey, por ejemplo, ofrece una plataforma gratuita. Todo lo que la encuesta necesita preguntar es si el cliente está satisfecho con su producto, el proceso de envío, el embalaje, etc. También puede preguntar si le recomendarían a un amigo. Esa pregunta podría llevarlos a hablar con sus amigos acerca de sus productos, lo que a su vez podría conducir a futuras ventas. Algunas de las encuestas ofrecen la opción de que el consumidor le proporcione algunas direcciones de correo electrónico a las que pueda acceder. Mientras que una buena parte de la gente nunca hace encuestas, ni proporciona a un minorista las direcciones de correo electrónico de sus amigos, hay unos pocos selectos que lo harán y esa es otra gran y simple manera de impulsar las ventas.

Cuando se habla de la satisfacción del cliente, también debemos considerar el compromiso de revisión.

Como se mencionó anteriormente, asegurarse de que responde a todas y cada una de las revisiones, sin importar lo bueno o lo malo, mostrará a los consumidores potenciales que le importa lo que los clientes están diciendo sobre su producto.

Si piensas en la última vez que compraste algo en Amazon, ¿cuántas críticas leíste antes de continuar comprando? Si las primeras tres o cuatro revisiones son negativas, ¿le compraría a ese vendedor?

A lo mejor no, especialmente si no se respondió a ninguna de ellas.

Mostrando a los clientes que usted está dispuesto a hacer un esfuerzo extra para asegurar la satisfacción le hará ascender en el ranking de Amazon.

Tomar fotografías claras y las descripciones que las acompañan

Independientemente de lo que esté usando para tomar las fotos, se pueden obtener imágenes claras.

Si bien sería bueno que se tomaran fotos profesionales, por lo general no es una opción, especialmente para las personas que recién comienzan su viaje a la FBA.

Cualquier tipo de cámara o dispositivo electrónico es capaz de tomar fotos de calidad, siempre y cuando sepas que tendrás que jugar con los ajustes para conseguir la iluminación y los ángulos adecuados para las mejores fotos. A continuación, se presentan algunos consejos sobre cómo obtener una fotografía increíblemente clara.

- Limpia el lente. Si utiliza una tableta o un teléfono móvil para tomar fotografías, asegúrese de que el objetivo esté limpio pasándole un limpiador no abrasivo. Aunque suene extraño, limpie la pantalla también. De esta manera, puedes obtener una imagen más clara de tu lado mientras tomas la foto.
- No te muevas. A menudo, nuestras manos se mueven en el último minuto y la imagen es borrosa. Incluso si es sólo un poco, vuelva a tomar la foto. Toma varios hasta que tengas el mejor tiro.
- Ángulos. Obtener el producto desde todos los ángulos posibles. Si hay una etiqueta en la mercancía, inclúyala también. A la gente le encanta hacer clic en las fotos y asegurarse de que los productos son exactamente lo que quieren. No hay límite en el número de fotos que puede incluir.

- No utilice photoshop o programas alternativos para alterar las fotos. Desenfocar el fondo o usar aplicaciones como Snapchat son buenos para divertirse, pero no para tomar fotos para FBA. Parece alterado, los clientes serán cautelosos.
- La iluminación natural es la mejor, pero si es sombría en el exterior, o de noche, las luces en el interior de la casa funcionarán bien. Asegúrese de que la luz no afecte a la toma y cause un deslumbramiento. Es posible que tenga que mover el producto y tomar varias fotos para encontrar la iluminación adecuada, pero valdrá la pena para conseguir esa foto perfecta.

La descripción del producto es probablemente la parte más difícil del proceso de contabilización. Usted sabe que sus productos son increíbles, pero esa no es la mejor manera de describirlo a los clientes. Diviértase con las palabras, dele un poco de atractivo y los consumidores pasarán más tiempo en su tienda virtual, lo que podría llevar a una venta. A continuación, he incluido una descripción de las cortinas sólo para dar un ejemplo de una descripción detallada del producto.

Añade un poco de brillo a tu sala de estar con estas deslumbrantes cortinas decorativas. El brillante color grisáceo con acentos de salvia se combinará muy bien con casi cualquier decoración de hogar contemporánea.

Junto con la descripción, debería asegurarse de incluir las dimensiones, pero la afirmación anterior es un buen ejemplo de cómo añadir algo de dinamismo a los detalles del producto. Simplemente indicar la talla y el color sería suficiente, pero poner esfuerzo en la descripción muestra al cliente que usted estaba dispuesto a hacer un esfuerzo extra para describir la mercancía. Una vez más, también les hace saber lo apasionado que eres con el producto que tienes que ofrecer.

Capítulo 10: Hora de Impuestos

"Si realmente quieres hacer algo, encontrarás una manera. Si no lo haces, encontrarás una excusa".

-- Jim Rohn

Una vez que el año termine y el tiempo de impuestos se extienda, usted recibirá un formulario de impuestos 1099-K. Este formulario le permite al IRS saber cuánto dinero ganó por la venta de artículos en Amazon. Es un formulario específico para los dueños de negocios y ayuda al IRS a determinar de dónde vinieron sus ingresos del año anterior. Tenga en cuenta que este formulario no reemplaza los formularios estándar de presentación de impuestos si usted tiene otro trabajo mientras que su trabajo en Amazon está en marcha. Si tiene alguna duda, consulte el sitio web del IRS (www.irs.gov) para asegurarse de que no le falta ningún formulario requerido.

Antes de profundizar en cómo leer y llenar el formulario 1099-K, tenga en cuenta que es prudente reservar una buena parte de sus ganancias cada mes para pagar al IRS.

Algunas personas que tienen su propio negocio, ya sea que operen en Amazon o en otro lugar, envían dinero al IRS cada trimestre para evitar tener que pagar grandes sumas de dinero al final del año. Si decide no hacer ninguna de las dos cosas, prepárese para una fuerte factura de impuestos.

Sepa que el IRS mantiene un seguimiento estrecho del dinero y que incluso si no le auditan el primer año, o incluso los cinco primeros, eventualmente será auditado si no paga sus impuestos o no proporciona la información adecuada cuando se le solicite.

Presentar los impuestos cada año es parte de ser dueño de su propio negocio y, créalo o no, presentar esos impuestos con precisión tiene un efecto en si usted tendrá éxito o no.

Usted puede ganar millones en Amazon, pero si no paga sus impuestos, el IRS puede cerrarle y quitarle todas esas ganancias.

Hemos llegado tan lejos en el proceso de la FBA, que usted no quiere desperdiciar su oportunidad de obtener un ingreso de seis cifras y retirarse felizmente al no declarar sus impuestos. Las multas y el posible tiempo de cárcel no valen la pena embolsarse el poco dinero extra que podría haber tenido que pagar por sus impuestos.

Amazon enviará el formulario 1099-K a sus proveedores. Sin embargo, *no* necesitará presentar un 1099-K si ha realizado menos de 20k de ingresos o procesado menos de 200 transacciones.

Para que quede claro, todavía tiene que presentar una declaración de impuestos sobre la renta de cualquier ingreso realizado durante el año. Amazon debe hacer su parte y reportar las ventas, los impuestos de ventas y los gastos de envío al IRS, lo que significa que su información ya está en la base de datos. Además, se requiere que mantenga su información fiscal con Amazon al día. Si no lo hace, se le podría prohibir la venta en Amazon. Y, honestamente, no se puede evitar pagar al IRS lo que se le debe y siempre es mejor mantenerse al día con los pagos que tratar de evitarlos por completo.

El plazo para presentar el 1099-K no sigue las mismas pautas de fecha que la presentación tradicional de impuestos. Amazon debe enviarlo por correo antes del 31 de enero. A su vez, usted debe tener el formulario de vuelta al IRS antes del 28 de febrero. O, si estamos en un año bisiesto, el 29 de febrero. Lo más sencillo es recordar que por correo, se debe entregar el último día de febrero. Si está presentando su declaración electrónicamente, tiene hasta el último día de marzo para llevar el formulario completo al IRS para su procesamiento.

Además de los requisitos federales, consulte con su estado para ver si hay algún elemento adicional necesario para presentar correctamente la solicitud. Las fechas de vencimiento podrían no coincidir con las del IRS, así que también hay que tener cuidado con eso. Sepa que además de los impuestos federales, se le exigirá que pague también los impuestos estatales.

Los impuestos internacionales pueden ser increíblemente complicados, especialmente a nivel de su estado. Algunos estados no requieren un impuesto sobre el producto que sale del país, mientras que otros sí. Asegúrese de investigar las reglas de su estado para el envío fuera del país, en caso de que decida hacerlo. Hay mucho dinero para hacer envíos a otros países, ya que no todo el mundo se atreve a intentarlo, y eso también está bien. Algunas personas podrían elegir esperar unos meses para ver cómo van las ventas en los Estados Unidos antes de aventurarse a las ventas internacionales. Independientemente de lo que elija, asegúrese de conocer los impuestos del país al que realiza el envío y los impuestos estatales y federales que se aplicarán al artículo.

Si usted vive fuera de los Estados Unidos y está usando FBA, no se le requerirá que declare impuestos con el IRS dentro de los Estados Unidos. Sin embargo, tendrá que comprobar con las leyes del país en el que está vendiendo en Amazon para asegurarse de que está reportando y pagando sus impuestos correctamente como se requiere.

Aunque Amazon hace un gran trabajo en el mantenimiento de los registros, sepa que puede haber un error y usted querrá comprobar la información que Amazon ha enviado con su formulario 1099-K. En la central de vendedores, existe la opción de ejecutar informes basados en las ventas del ejercicio fiscal anterior. Es en su mejor interés el ejecutar ese reporte y asegurarse de que no se haya omitido nada, o que no haya ventas adicionales que no deban ser mostradas como ingresos.

Debido a que Amazon tiene almacenes en todo el mundo, se le pedirá que presente lo que se denomina un impuesto de *nexo* para cada estado en el que Amazon alberga su producto. Para simplificar esto, daremos un ejemplo. Si usted vive en Tennessee, y Amazon tiene sus bienes en Maryland y Kentucky, usted necesitará verificar con los requisitos del estado para los dos últimos estados además de lo que usted necesitaría para presentar con su estado de residencia.

Si en este momento te sientes un poco incómodo, no lo hagas. Sí, se requiere que usted declare impuestos sobre sus ingresos y potencialmente lo hace en varios estados.

Sin embargo, ser dueño de su propio negocio también viene con ventajas fiscales conocidas como deducciones. A continuación, se presentan algunas de las deducciones más utilizadas en el formulario 1099-K.

No se defraude a sí mismo perdiéndose las deducciones. Lo que hemos enumerado aquí es sólo una lista corta y usted querrá aprovechar todas las deducciones que pueda. Una vez más, verifique con las directrices locales y federales lo que se puede deducir.

- Puede deducir una parte de los pies cuadrados de su casa en sus impuestos porque es una oficina en casa. Asegúrese de verificar con el IRS para determinar cuánto de esa cantidad de metros cuadrados puede ser realmente deducido. Aunque usted puede trabajar fuera de su casa, no cada pulgada es su espacio de trabajo. Sea razonable al usar esta deducción para evitar cualquier penalidad o cargo.
- Si usted participa en un 401k o paga su propio seguro de salud, estas pueden ser también deducciones.
- Algunas tarifas de Amazon como el almacenamiento, la suscripción y el software a través de la plataforma de Amazon califican como una deducción.
- Suministros de oficina y kilometraje. Tienes que tener cuidado con el kilometraje. No basta con ir a la gasolinera o a comer, aunque trabajes desde casa. El kilometraje en general sólo puede ser deducido si usted está llevando a cabo el negocio mediante la reunión con un mayorista o comprador potencial. Como ya hemos dicho algunas veces, si no está seguro, verifique con un

profesional de impuestos o con el IRS antes de declarar sus impuestos.

Con las deducciones, usted tendrá que ser capaz de proporcionar pruebas al IRS si deciden auditarlo en algún momento en el futuro. Siempre guarde copias de sus recibos. Como vendedor FBA, Amazon le enviará recibos por cada compra realizada a través de su tienda virtual. ***Guarda esos recibos.*** Lo más sencillo es crear una carpeta en su ordenador de sobremesa o portátil y asegurarse de que dispone de una copia de seguridad en caso de que el equipo se bloquee. Las memorias flash son ideales para almacenar este tipo de información. También hay aplicaciones que puedes descargar y que almacenan tus recibos por ti. Algunos son gratuitos mientras que otros tienen un cargo mínimo. Cuando se trata de dinero que se debe al gobierno federal, no hay recortes y usted debe hacer lo que sea necesario para mantener su información financiera lo más exacta posible. Será más fácil para usted y el IRS a largo plazo si lo hace.

Aunque cuesta dinero ver a un Contador Público Certificado (CPA) o utilizar cualquiera de los otros servicios de impuestos disponibles como H&R Block, podría valer la pena consultar a uno u otro durante el primer o segundo año para asegurarse de que está registrando correctamente sus impuestos.

Los servicios de impuestos basados en el hogar como TurboTax tienen un programa especial que usted puede comprar si es dueño de su propio negocio y que revisará cada detalle, así como responderá a las preguntas que pueda tener en el camino.

En realidad, es un servicio bastante bueno por un precio relativamente decente.

Es más barato que consultar a un CPA.

Finalmente, terminaremos el capítulo de los impuestos con la importancia de llevar un buen registro de los ingresos. Hablamos de utilizar hojas de cálculo a través de Excel o Google Docs un poco antes. No importa el método que elija, siempre asegúrese de que cada centavo se registre para una declaración de impuestos precisa al final del año. Si no se informa adecuadamente, las multas pueden ser muy altas. Cuando se trata del formulario 1099-K, las multas pueden ser de *millones*. Sí, millones. Si tiene alguna pregunta, siempre puede consultar a un profesional de impuestos. El IRS siempre está dispuesto a responder a las preguntas también. Sólo sepa que, en la época de los impuestos, usted podría estar viendo extensos tiempos de espera en el teléfono.

Capítulo 11: Lo que se debe y lo que no se debe hacer al usar FBA

"No puedo darte la fórmula del éxito, pero puedo darte la fórmula del fracaso... - Lo es: Intenta complacer a todo el mundo".

-- Herbert Bayard Swope

Como en cualquier negocio, hay cosas que debe y no debe hacer al iniciar su negocio de FBA. En este capítulo, esbozaremos tanto los consejos para el éxito como lo que hay que evitar para no fracasar.

- Preste siempre mucha atención a la calidad del producto que está poniendo a la venta en su tienda, y a lo que cuesta.
- No piense que puede salirse con la suya utilizando la plataforma Amazon Seller en lugar de la FBA. Este es un error común que muchos nuevos vendedores cometen pensando que ayudará a ahorrar dinero en la parte delantera. Si bien esto es cierto, los beneficios que vienen con el uso de FBA valen la pena el costo. Hay *millones* de personas que utilizan Amazon Prime para sus envíos y si usted está en la plataforma de Amazon Seller, no atraerá a esos clientes a su tienda virtual. Pagan por las

membresías Prime para poder obtener un envío rápido y gratuito. Querrás aprovechar ese mercado.

- No escatime en fotos. Esto es una gran parte de su negocio FBA. Anteriormente, discutimos la importancia de las fotos de alta calidad, y de tomar varias fotos desde diferentes ángulos. Si hay fotos de baja calidad, o no hay fotos para que los clientes vean el producto, es mucho menos probable que hagan una compra. Siempre toma un montón de fotos muy buenas y claras. Tiene la opción de hacer la foto más grande, en cuyo caso puede incluir una descripción del producto en las fotos, si es parte de la mercancía que vende, para que los clientes puedan leerla y asegurarse de que no hay nada en el producto al que sean alérgicos o que sea adverso a la compra.

- No asuma que su producto hablará por sí mismo. Con esto queremos decir que usted puede tener la mejor descripción del mundo, pero si no está atrayendo a los clientes, sin importar lo bueno o lo malo, no se está haciendo ningún favor. Aproveche esas oportunidades de compromiso para conocer lo que le gusta y lo que no le gusta a sus clientes para que se sientan apreciados durante toda su experiencia de compra. Trabajar con sus consumidores también puede facilitar las conversaciones que pueden aumentar el potencial de venta de un producto nuevo y mejorado. Si un cliente le dice que le gustaría ver algo añadido o eliminado de su mercancía, tómelo en cuenta y posiblemente haga algunas pruebas de producto. Puede resultar increíblemente lucrativo para su negocio ya establecido.

- No te olvides de las palabras clave. De nuevo, esto es un coste añadido, pero una característica sorprendente que hay que aprovechar en la plataforma FBA. Hay un dicho que dice, 'tienes que gastar dinero para hacer dinero' y hasta cierto punto, eso es verdad. Obviamente, no significa gastar miles y miles de dólares sólo con la esperanza de obtener un buen retorno de la inversión. Gaste el dinero sabiamente, y el uso de palabras clave es el lugar correcto para poner su dinero. Dicho esto, las palabras clave son como el hashtags y pueden ser utilizadas en exceso. Asimismo, asegúrese siempre de que las palabras clave sean relevantes para su producto. Si está utilizando palabras florales y demasiado descriptivas que no tienen sentido para el producto que está vendiendo, es posible que no consiga atraer a los clientes a su sitio.

- No se exceda con los títulos de los productos. Siguiendo la misma línea de la palabra clave, querrá asegurarse de que el título no sea demasiado elegante y prolijo. También querrá poner las palabras clave correctas en su título para que los consumidores lo encuentren fácilmente. Es un arma de doble filo en la que no puedes exagerar, pero ciertamente no quieres perderte la oportunidad de atraer a los clientes añadiendo ese pequeño extra que llama su atención.

- No ignores la calculadora de tarifas. Es una herramienta fantástica que todos los vendedores de FBA deberían utilizar. Este es probablemente uno de los mayores y más importantes errores que la gente comete al iniciar su aventura en la FBA. Muchos de ellos terminan perdiendo mucho dinero al principio, y algunos fracasan por su falta de atención a los detalles financieros. Aproveche todas las ventajas que ofrece la FBA para asegurar un lanzamiento exitoso y un éxito continuo con su plataforma.

- No ignore a sus consumidores. En cualquier momento en que reciba una crítica, incluso si es positiva, involucre al cliente. Las estadísticas han demostrado que los vendedores que pasan un poco más de tiempo hablando con sus clientes impulsan las ventas. Le recomendamos que revise su sitio web al menos una vez al día para ver si hay comentarios o preguntas sobre su producto. Si puedes llegar a ello unas cuantas veces, definitivamente hazlo. Esto se remonta a la importancia de una fuerte presencia en línea.

- No te metas en un mercado ya saturado. Recuerde que la investigación del producto es uno de los elementos clave del éxito de FBA. Al decidir qué productos vender, usted quiere encontrar un nicho, no algo que ya se está vendiendo en un par de docenas de plataformas. La competencia amistosa es buena, siempre y cuando no haya un número de personas contra las que estés tratando de competir.

- No venda productos que sean excesivamente pesados. Con los gastos de envío asociados al uso de FBA, cuanto más ligero, mejor. No importa el éxito que tenga, evitar los productos pesados es su mejor apuesta para que siga viendo ese éxito. Cuando envía mercancías demasiado grandes, tiene que reducir el precio de sus mercancías para compensar los gastos de envío adicionales. Eso podría reducir tu beneficio.
- No dejes de hacer marketing. Nunca. Esto es increíblemente crucial para el éxito de su negocio FBA. Independientemente de lo bien que le vaya, siempre comercialice. Tanto si el producto que vende es el mismo a lo largo de los años, como si es algo nuevo, asegúrese de estar al día en su marketing, haciéndolo relevante para sus productos y para cualquier cosa que esté ocurriendo en el mundo. Mercado dentro y fuera de Amazon. Esto es algo en lo que un vendedor exitoso de la FBA nunca haría recortes. Es una de las piedras angulares de su negocio.
- No ponga enlaces a un sitio web externo. Si usted tiene un sitio web en el que los consumidores pueden hacer clic, eso va en contra de las políticas de Amazon y puede

hacer que le suspendan o le prohíban completamente el uso de FBA. Usted tiene acceso a millones de consumidores a través de Amazon. No te arriesgues a perder eso. Anteriormente discutimos lo que Amazon permitirá. Esto se refiere a la lectura de la letra pequeña y a asegurarse de que usted entiende sus normas y reglamentos.

Esa fue una lista de cosas que hay que evitar si esperas tener éxito en Amazon. A continuación, cubriremos lo que hay que hacer para ganar dinero.

- Esté preparado para invertir tiempo y dinero. Aunque puede ser un poco difícil iniciar su sitio FBA con un presupuesto ajustado, a la larga valdrá la pena. Asegúrate de que estás gastando cada centavo sabiamente y pon un pensamiento extra en ello. Pregúntese si lo que está a punto de comprar va a contribuir o quitarle a su balance final.
- Cree en ti mismo y en tu mercancía. La gente puede sentir si los demás están inseguros de sí mismos y eso es un apagón total. Si no estás dispuesto a ponerte a ti mismo y a tu producto en el mercado porque crees que es genial, otros no acudirán a tu sitio. Si bien es cierto que usted quiere evitar ser el tipo de vendedor de autos usados que discutimos anteriormente, hay un elemento de ventas que se requiere para lograr la grandeza con Amazon. Conozca su producto por dentro y por fuera

para que pueda hablar con él y responder a cualquier pregunta que surja.
- Reinvierta en su negocio. Una vez que empiezas a ganar dinero de verdad, puede ser difícil no gastarlo en todas las cosas con las que has soñado durante tanto tiempo. No estamos diciendo que usted tiene que reinvertir *todo* en su negocio, pero no eche a perder lo que ha ganado y no reinvierta nada.

Aunque esta es una lista completa de las cosas que debe y no debe hacer, hay muchas, muchas otras que debe tomar en consideración con su negocio FBA. Sea un hombre de negocios inteligente, tome decisiones sabias, y si tiene dudas, pregunte a un profesional. Amazon tiene un servicio de atención al cliente que proporciona no sólo a los compradores, sino también a los vendedores. Acérquese a ellos con cualquier pregunta o preocupación que pueda tener. Las personas exitosas saben cuándo pedir ayuda. Nunca asumen que son capaces de manejar cualquier obstáculo que se les presente.

Conclusión

Revisamos una tonelada de información en este libro. Lo más importante es que la FBA es una forma fantástica de ganar dinero. Ya sea que esté buscando dejar su 9-5 y ganarse la vida a tiempo completo, o sólo trabajar a tiempo parcial para ahorrar para las vacaciones de sus sueños, FBA puede trabajar para cualquiera. Encuentre el producto o nicho adecuado, márquelo, y luego empiece a vender en Amazon. De todas las plataformas disponibles para vender su producto, Amazon es superior en el sentido de que millones de personas lo utilizan cada día para comprar y es un nombre que es conocido y respetado en todo el mundo.

Monitoree su negocio y haga un seguimiento de cada detalle, desde los costos hasta los impuestos y las deducciones. No deje que nada se le escape de las manos y si se mantiene al tanto de las cosas desde el principio, puede tener un gran éxito con mucho menos estrés que el trabajo habitual de la oficina. ¿Qué tan asombroso sería levantarse cuando uno quiere? ¿Trabajar desde la comodidad de tu casa en la comodidad de tu pijama? ¿Tener la libertad de ir y venir a su antojo durante el día sabiendo que su negocio está trabajando para usted? Sería una sensación fantástica, ¿no?

Asegúrese de preguntar si tiene alguna duda sobre algo, pruebe su producto antes de ponerlo en los estantes de Amazon y en su tienda virtual, y siempre presente sus impuestos al IRS.

En última instancia, la elección de usar FBA depende de cuánto planea vender. Tendrá que hacer un esfuerzo para investigar los productos y cuántas unidades necesita vender para obtener realmente un beneficio. Tenga en cuenta que a veces puede que no obtenga un gran beneficio en los primeros meses.

Cúmplalo, actualice su plan de negocios y ajuste su inventario de acuerdo a ello, y FBA le podrá aportar seis cifras de ganancias!

Para continuar con nuestro inspirador tema de citas, me gustaría dejarles con: "Hay una poderosa fuerza motriz dentro de cada ser humano que, una vez desatada, puede hacer realidad cualquier visión, sueño o deseo".

-- Anthony Robbins

Made in the USA
Las Vegas, NV
27 May 2021